SH청년건축가

지역을 바꾸는 청년건축가들의 도전

공간복지 Vol.2

SH청년건축가

지역을 바꾸는 청년건축가들의 도전

공간복지 Vol.2

학고재

CONTENTS

006

발간사
김세용 사장

Chapter 1. 프로젝트 추진 과정

010

프로젝트_
개요 및 프로세스
서울주택도시공사
공간복지전략실

026

프로젝트_
프로그램 추진 과정
도시공감협동조합건축사사무소&
블랭크건축사사무소

068

SH청년건축가_
토크콘서트
청년건축가 우리들의 이야기

Chapter 2. 여섯 가지 공간복지 이야기

190

정릉기지 _
정릉기지
김기준, 김지수
(성북구 정릉동)

212

삼차선 _
십삼월
서경택, 이승훈, 박소진
(양천구 신월동)

242

시소 _
오류장
김대청, 김요셉
(구로구 오류동)

106

포레스트 _
작은 숲 아지트
김은석
(구로구 개봉동)

132

하우스+X _
종암동 소소한담
김민종, 김래빈, 정승준
(성북구 종암동)

270

튜터 _
특별기고
도시공감협동조합건축사사무소
블랭크건축사사무소

160

공채움_
이너가든
양지원, 현선용, 장정우
(양천구 목동)

공간복지
또 하나의 실험

SH공사 공간복지 사업을 한마디로 정의하자면 SH공사 보유 · 개발자산을 기초로 지역특성에 맞는 편의시설을 제공함으로써 공동체 활성화, 지역사회서비스 및 공유경제의 기반시설로 활용되게 하는 사업이라고 할 수 있습니다.

저는 공사 사장 부임 이전부터 우리사회가 이제 주거복지를 넘어 공간복지를 지향할 시점임을 절실히 느껴왔습니다. 이에 2018년 사장 취임 시부터 공간복지 사업을 SH공사의 주력사업으로 설정하였고, 2019년 2월 창사 30주년을 맞이하여서는 공사미션으로써 도시 공간의 사회적 가치 창출을 대내외에 선포하면서 그에 가장 걸맞는 공간복지사업을 핵심적 혁신사업으로써 다각도로 전개하여 왔습니다.

2019년에는 공간닥터들에 의해 노후임대단지 공간개선 및 작은도서관 건립 프로젝트를 실행하였고, 2019년 12월에는 공간복지사업의 전국화를 위해 우리 공사 후원하는 동아일보 주관 전국기초자치단체에 대한 공간복지대상을 마련하였으며, 2020년도에는 청년건축가에 의한 반지하의 지역밀착형 공간복지시설 전환 사업이 시행되었습니다.

공사는 이러한 지역밀착형 공간복지시설이 지역사회 주민들의 소통과 공동체활성화를 넘어, 장래 공유경제활동의 허브로 활용되기를 기대합니다.

For-Rest, 시소, 공채움, 삼차선, 정릉기지, House-X 청년건축가 여러분!

수고 많으셨습니다. 이번 활동을 통해 실무능력을 배양하고 장래 창업의 실마리를 마련하기를 희망합니다. 여러분들의 작품은 지역주민과 우리공사에 두고두고 기억될 것입니다.

청년건축가 팀에게 공간운영기획 및 설계 기술지원을 위해 힘써 주셨던 블랭크건축사사무소 및 도시공감협동조합건축사사무소 관계자 여러분의 노고에도 깊은 감사를 드립니다.

공사발전에 큰 도움이 되어 주셨고, 남겨주신 말처럼 건축기술 지원에 그치지 않고 지역사회와의 연대와 소통을 통해 새로운 역할 내지 업역을 만들어 내시기를 기원합니다. 마땅히 지향해야 할 바이며, 공사 또한 그 길에 동참하여 적극적인 마중물 역할을 수행하겠습니다.

본 활동보고서가 공간복지사업에 종사하시는 실무자분들과, 공공기관 정책담당자, 나아가 건축을 전공하는 학생들에게 널리 읽히고 큰 도움이 되기를 기대 합니다.

2020. 11.

서울주택도시공사 사장 **김 세 용**

1 프로젝트 추진과정

SH청년건축가 주도형 공간복지 프로젝트

PROJECT_
개요 및 프로세스

SH청년건축가 주도형
공간복지 프로젝트

—

서울주택도시공사 공간복지전략실
- 김혜정, 원선미, 고은혜, 김한나, 박권수,
  박태원, 이재원, 김승주(SH도시연구원)

프로젝트 배경 및 목적

시민들이 누구나 누릴 수 있는 공간, 그것으로 인해 시민 삶의 질이 나아지는 복지를 실현하고자 하는 것, 즉 장소를 기반으로 하는 복지 정책이라고 하는 것이 '공간복지'를 설명할 수 있는 표현 중 하나라고 할 수 있다.

　이러한 공간복지의 틀 안에서, 사람들이 사는 주거지, 특히 저층 주거지와 같이 다양한 사람들이 살고 생활하는 장소 그리고 이러한 시민의 실제 삶 속에서 필요한 공간복지는 무엇일까, 세월이 지나 낡아지거나 그 효용을 다해 비어 있는 공간들을 활용해서 필요한 공간으로 만들어 주는 공간복지를 이뤄낼 수 있지 않을까, 이러한 새로운 아이디어에 청년들이 참여하고 그것으로 새로운 진로를 모색해 볼 수 있는 기회를 줄 수 있지 않을까, 이러한 고민에서 'SH청년건축가 주도형 공간복지 프로젝트'가 시작되었다.

　'SH청년건축가 주도형 공간복지 프로젝트'는 이러한 배경에서 출발하여, 유휴공간을 활용하여 버려진 공간을 재생하고, 청년들에게 지역에서 활동할 수 있는 기회와 성장의 발판을 제공하고자 추진되었다. 또한 이를 통해 지역에 활력을 줄 수 있는 시설을 제공하고자 하며, 이것을 통해 공간복지의 새로운 모델을 제시하여 새로운 플랫폼으로 구축되도록 하는 것을 목표로 추진되고 있다.

유휴공간 활용	청년건축가	저층주거지
버려진 공간의 재생을	청년에 기회를	지역에 활력을
"반지하"의 새로운 가능성	지역기반 활동 청년들의 새로운 장(場)	저층 주거지 환경개선의 새로운 모델

새로운 혁신을 위한
한 걸음

도시재생이 새로운 화두가 된 흐름 속에서 이러한 생각과 목적들을 바탕으로 하는 사업들이 다양한 방법과 지역, 주체들을 대상으로 활발히 추진되고 있다. 그러나 더 실질적이고 실제 시민의 삶과 밀착된 모델을 구축하는 것은 전혀 새로운 출발이 되어야만 했다. 또한 서울의 도시와 주거복지를 책임지는 공공기관으로서의 더 많은 가능성과 책임을 기반으로 한 새로운 시도를 해보고자 하였다. 그러기 위해서는 제반여건 마련부터 사업참여 구조, 과정 등을 새롭게 구상할 필요가 있었다.

SH청년건축가의 선발 : 공모전

먼저 사업의 주체로서 SH청년건축가들을 잘 선발하고 이들과 함께 첫걸음을 걸어갈 수 있어야 했다. 이러한 생각에서 불특정 다수가 아닌 생생한 대상으로서의 팀을 구성하고자 하였다. 이 프로젝트가 처음으로 추진된 2019년은 서울주택도시공사 창립 30주년이 되는 해이며 "제5회 SH청년건축가 설계 공모전"이 열리는 해였다. 이에 SH청년건축가의 선발은 기존에 진행되어왔던 "SH청년건축가 설계 공모전"과 연계하여 진행하기로 하고, "저층 공공주택을 활용

일 시	주 제
2019년 4월 5일	제1차 릴레이세미나, 서울시청 태평홀 "공간복지란?" – 최재원(플로), 신창훈(운생동), 구형수(국토연구원) + 참가자 약 169명
2019년 5월 2일	제2차 릴레이세미나, 연남장 "공간복지, 공간으로 태어나다!" – 윤주선(AURI), 문승규(블랭크), 김수민(로컬스티치) + 참가자 약 41명
2019년 5월 31일	제3차 릴레이세미나, 서울 하우징랩 "공간복지, 스타트업으로 성장하다!" – 이용원(SLA), 박주로(ROMORE), 김수동(더함플러스) + 참가자 약 20명

한 지역 밀착형 공간복지 모델"이라는 주제를 가지고 더욱 특별하게 기획되어 진행되었다. 기존의 공모전이 공고-작품모집의 과정을 거치는 것에 비해, 공모공고 이후 작품을 모집하는 과정에서 세 차례의 릴레이 세미나를 진행하면서, 공간복지의 의미와 청년들의 새로운 활동의 장으로서 플랫폼을 구축해 나가는 의미에 대하여 공유하였다.

이 뿐만 아니라 서울지역 10개 대학의 스튜디오를 연계하여 저층 주거지역의 공공주택을 활용한 지역 밀착형 공간복지 모델이라는 주제로 스튜디오 세션의 공모작품을 별도로 모집하였다.

1. 릴레이세미나, "공간복지,
   공간으로 태어나다!"
2. 릴레이세미나, "공간복지,
   스타트업으로 성장하다!"
3. 릴레이세미나, "공간복지란?"

순 번	학 교(학 과 / 전 공)	지도교수
스튜디오-1	숭실대학교(건축학부 건축학전공)	유해연
스튜디오-2	홍익대학교 건축도시대학원(부동산개발전공)	윤주선
스튜디오-3	홍익대학교(도시공학과)	강준모 × 유재득
스튜디오-4	고려대학교 대학원(건축학과)	다니엘 오 × 안상현
스튜디오-5	건국대학교(건축대학)	주범 × 윤홍연
스튜디오-6	광운대학교 대학원(건축학과)	박열
스튜디오-7	서울대학교 대학원(협동과정 도시설계학)	권영상
스튜디오-8	서울과학기술대학교(건축학부 건축학전공)	김진욱
스튜디오-9	중앙대학교(건축학부)	전영훈
스튜디오-10	이화여자대학교(미래사회공학부 건축도시시스템전공)	박윤미 × 임재한

그 결과 "제5회 SH청년건축가 설계 공모전"은 전국 70개 대학에서 134개팀의 302명의 참가자들이 스튜디오 및 일반 세션으로 나뉘어 참가하였고 이 중 장려상 이상 수상자 9개팀을 대상으로 하여 SH청년건축가를 선발하기로 하였다.

선발은 공모전 장려상 이상 수상자들을 대상으로 하여 프로그램을 설명하고 이에 대한 참가 의사를 타진하는 것으로 진행하였고, 7개팀 19명의 청년들이 프로그램에 참여하는 것으로 출발을 하게 되었다.

4. 서류심사 및 발표
5. 수상작 발표 및 시상
6. 수상작 전시

그다음 중요한 전제는 유휴 공간으로서 공간복지시설로 활용할 수 있는 대상지를 선정하는 것이었다. 여러 논의의 과정을 거쳐 최종적으로 선정된 대상지는 서울주택도시공사가 매입하여 임대주택으로 제공하고 있는 '매입임대주택' 의 반지하 공간 중 시간이 흘러 노후화되거나 주거로 활용이 어려워지게 되어 비어 있던 공간으로 설정하였다.

서울주택도시공사는 도시 주거 문제를 해결하기 위하여 다양한 형태의 임대주택을 공급하고 관리해 오고 있다. 흔히 알려진 임대 아파트 형식의 건설형, 임차형 임대주택 외에도 다가구 주택을 매입하여 임대하는 '매입 다가구주택'을 통한 임대주택 공급을 진행해 오고 있으며, 현재 이러한 임대주택이 1만2천여 세대에 달하고 있다. 그중 세월이 지나 매입한 주택들이 노후하기도 하고 그중 일부는 수해를 입기도 하면서, 더 이상 사람이 살기에 적합하지 않은 반지하 공간들이 생겨나기 시작했다. 이러한 공간들은 누수, 결로, 곰팡이 등이 심해 주택으로 사용하기 부적합하여 '폐쇄'하거나 주택공급을 유보해 왔으며, 이러한 노후된 공간은 당장의 해결이 요원하여 어쩔 수 없이 방치되어 왔다. 그러나 이러한 노후 된 공간은 현재 비어있을 뿐만 아니라 당장의 활용계획이 없다는 데에서, 새로운 기회를 만들어 낼 수 있는 중요한 자원이 될 수 있었다.

또 '반지하'라는 공간의 독특한 상징성도 대상지 선택을 하는 데 있어 중요하게 여겨졌다. '반지하'란 공간은 오랫동안 도시-특히 서울과 수도권-의 삶을 보여주는 요소라고 할 만하다. 몰려드는 도시 인구의 주택문제를 해결하기 위해 독특한 건축적 해석에 따라 만들어 낸 공간이었는데, 오히려 그간 우리에게는 익숙한 공간이면서 삶의 현장 같은 공간이기도 해서 늘 있던 평범한 공간이기도 하다. 그런데 어느 순간 '반지하'는 도시와 사회 문제를 보여주는 일면으로 관심을 받기 시작하였다. 또한 더러는 우리나라에만 있는 공간이라는 흥미의 대상이 되기도 한다. 그렇게 다시 돌아보게 된 '반지하'는 오랜 시간 도시 서민의 삶을 지탱하는 공간의 역할을 여전히 이어오고 있는 것이 분명함에도 불구하고, 일부는 방치되고 외면받는 공간이었다는 것이 드러나기도 했다.

　이러한 이유로 선정하게 된 비어있는 '반지하' 공간은 사람이 살기에 적합하지 않은 환경, 오래 비어 있는 공간 때문에 주변을 슬럼화하는 악영향, 쓰임이 없음에도 어떤 식으로든 계속 관리비용이 투입되어야 하는 대상이었고 특히 소위 전문가라는 건축가들이 활동하지 않는 대상이었다. 그러한 공간이 이번 기회로, 저층 주거지 한 가운데에 위치하고, 그래서 작지만 가깝고 필요한 시설을 만들 수 있어 지역 재생의 기지가 될 만한 가능성이 있는 곳으로, 그리고 아직 활동 기회가 많지 않고 일정 자격을 갖추지 않은 청년들이 활동할 기회를 제공하기에 딱 맞는 '활용할 수 있는 공간'으로 탈바꿈하게 되었다.

7

7. 폐쇄된 반지하 공간 현황

프로젝트 운영과정의 혁신

세 번째로는 전체 프로젝트를 진행하는 방법과 과정에 관한 사항이었다.

　본 프로젝트는 새로운 공간복지의 개념으로서 다양한 실험을 실질적으로 지원하고 실제로 실현해 보는 데 중점을 두었다. 그러기 위해서는 피상적인 컨설팅과 단순한 비용 지원이 아닌, 밀착된 도움과 교육, 공간과 비용 지원에 따르는 관리와 운영이 필요했다.

　이를 위해서 적은 수의 팀을 대상으로 생생한 경험과 실제 결과물을 만들어 낼 수 있는 과정을 제공하고 그 완성도를 높이는 방향으로 컨설팅해 나가도록 구상하였다. 또 한 주체가 스스로 대상지 선택부터 공간 기획, 설계에서 조성공사 및 운영까지 전 과정에 대해 단계적으로 효과적인 과정을 밟아갈 수 있는 틀을 구상하였다.

　이를 위해 각 과정별 효과적인 진행을 위하여 단계를 구분하여 진행하였다. 1단계는 앞서 설명한 공모전 단계로 SH청년건축가를 선발하는 과정, 2단계는 대상지를 선정하고 이를 기획, 설계하며 관련한 교육과정을 진행하는 과정, 3단계는 2단계 결과에 따라 실제 공사를 통해 공간을 조성하고 이를 운영해 나가는 과정으로 진행이 되었으며 각 단계에서 주어진 과제들이 완결성 있게 마무리되도록 진행하였다.

　또한 밀착된 컨설팅과 실제적인 도움을 주기 위해, '튜터'들이 세세한 부분까지 관여할 수 있도록 하였다. '튜터'들은 유휴공간을 활용하여 새로운 공간을 만들어 내고 운영하는 경험이 있는 젊은 건축가들로 선정하였으며, 실제로 튜터들은 전체 커리큘럼과 진행 과정을 조율하는 역할 뿐만 아니라, SH청년건축가들에게 선배로서 후배들에게 다양한 도움과 전문적인 영역의 조언까지 해 주었다. 또한 3단계 운영 단계에 이르러서는 운영 상황을 모니터링하고 조언하며, 자금의 사용까지 관리할 수 있는 역할을 하고 있다. 이뿐만 아니라 이미 다양한 방법으로 지역에서 활동하고 있는 젊은 전문가 그룹과의 연계를 통해 특강, 사례답사, 자문 등을 진행하였으며 이러한 과정을 통해 SH청년건축가들이 청년 활동가들의 그룹과 새로운 관계를 맺고 새로운 구성원으로 참여할 기회들을 만들어나갈 수 있도록 하였다.

더불어 이러한 튜터들뿐만 아니라, 실시설계, 시공, 과정 기록 등의 과정에서 다양한 전문가 그룹이 참여하여 전체 과정을 함께 일구어 왔다.

발굴단계 ('19년 3월 ~ 8월)		기획단계 ('19년 9월 ~ 12월)		실행단계 ('20년 1월 ~ 12월)
"SH청년건축가 설계공모전" (아이디어 발굴 및 청년건축가 선발)	→	기획 지원 튜터 프로그램 운영 (공간운영기획 및 교육)	→	공간운영지원 (공간조성·운영 및 창업활동 지원)

단계별 진행 사항

1단계 청년건축가를 선발한 이후 2단계에서는 약 4개월간에 걸쳐 매주 워크샵을 진행하였으며, 때로는 전체 워크샵, 개별 멘토링, 중간 및 최종 공유회 등으로 프로그램이 진행되었다. 이 과정 중에 여러 가지 해결해야 하는 문제와 한계가 드러났다. 대상지로 선정된 반지하는 생각보다 훨씬 열악하고 복구할 수 없을 정도로 망가져 있기도 했다. 또한 제도적, 재정적 한계와 프로젝트의 의도와 방향에 대한 이견 등을 함께 조정하고 수정해 나가야만 했다. 이러한 과정에서 첫 번째 시도라는 점에서의 착오와 오해를 조정하고 틀을 세워가는 데 있어 청년건축가들도 함께 많은 고민을 해 왔다.

2단계 진행 후 평가회를 개최하여 3단계 진행이 적정한지 평가하는 과정을 거쳤으며 이를 통과한 6개팀 14명이 공식적인 1기 SH청년건축가로서 활동하게 되었다.

이후 공간을 조성하는 공사가 진행되었으며 이 기간 동안 집수리 교육을 함께 진행하였고, 공간조성이 완료된 후에는 공간운영 계획을 다시 한번 다듬는 과정을 거쳐 2020년 4월 7일 공간운영에 대한 협약식을 가졌다. 협약은 공간운영 지원금과 공간사용의 권한과 의무에 대해 서로 약속하는 의미로 진행되었으며, 2020년 12월까지 각 팀의 계획에 따라 공간운영을 진행하기로 하였다.

8
9

8. 중간공유회 :
   외부 전문가 초청
9. 최종공유회

3단계 공간 운영 과정에서는 총 6개팀 12명의 청년들이 공간운영자로서 활동하고 있으며, 이를 위해 튜터들은 공간 운영 프로그램에 대한 조언과 모니터링, 과정의 기록 등을 통해 전 과정을 지원하고 돕고 있다.

연번	팀명(공간이름)	위치	공간운영 아이템(안)
1	For-Rest (작은 숲 아지트)	구로구 개봉동 318-5 지하	작은 숲 아지트 - 신혼 주부를 위한 자기계발 공간제공 및 지역 프로그램 홍보 및 연결
2	시소 (오류장)	구로구 오류동 156-43 지하	오류동 지역사회의 건축에 대한 인식 재고와 건축을 기반으로 한 공동체를 형성하여, 주민들 스스로 마을 재생을 이끌어 나갈 수 있게 하는 프로그램
3	공채움 (이너가든)	양천구 목동 523-29 지하	가드닝이 필요한 다양한 장비와 공간, 교육 프로그램을 지역주민들에게 제공함으로써 공동의 취미를 가진 지역 커뮤니티를 생성
4	삼차선 (십삼월)	양천구 신월동 71-16 지하	청년작가 레지던시 및 지역연계 전시공간 '십삼월' / 지역아동 및 주민 대상 예술 프로젝트 운영
5	정릉기지 (정릉기지)	성북구 정릉동 646-2 다동 지하	정릉동 배밭골을 기반으로 아카이빙 활동을 통해 주민과 청년과의 커뮤니티 형성 / 주민대상 원데이 클래스, 영화상영, 마을디자인 작업 등
6	House+X (소소한담)	성북구 종암동 45-136 지하	종암동에서 발견할 수 있는 가치를 기록하고 그 가치를 보존하기 위한 다각도의 디자인 개선작업 / 공유주방 운영

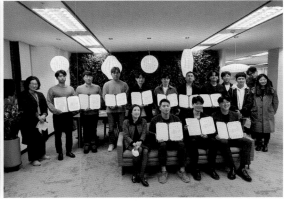

10	12
11	

10. 공간조성 공사
11. 집수리 명장교육
12. 협약체결식

SH청년건축가 공간운영지원

공간운영지원	지원프로그램 아카이빙	플랫폼 구축 및 저변확대 방안
6개 팀의 청년건축가 공간운영지원	3단계 공간운영 과정의 기록	청년건축가와 연계한 공간복지 플랫폼 구축 및 확대방안
공간운영지원 체계 구축 단계별 공간운영지원 및 모니터링지원금 운용 및 점검	공간운영 및 지원 과정 기록 대내외 홍보 및 채널 구축	청년건축가 네트워크 구축 지역밀착형 공간복지 플랫폼 구축방안모색

그리고
이후의 걸음

여러모로 첫 번째의 시도인 만큼 좌충우돌하기도 하면서, 그동안 오랫동안 비어있어 활용하지 못하고 있던 반지하 공간을 탈바꿈시키고 공간운영 과정까지 진행하고 있다. 새로운 도전에 대해 그동안 여러 가지 난관을 풀어나가느라 고군분투해왔고, 그 과정에 함께 했던 각 분야의 전문가들과 특히 6팀 14명의 SH 청년건축가들이 과정에서의 모든 난관을 풀어가는 노고를 함께 해 왔다.

이러한 도전은 작은 공간 6개가 새로운 공간으로 탈바꿈했다는 데 그치지 않는 많은 의미가 내포되어 있다.

우선 유휴공간을 활용한 도시재생이라는 점에서, 특히 잘 활용되지 못하던 공공의 자산을 더 쓸모 있고 필요한 공간으로 활용하는 새로운 모델을 제안하

13 14

13. 해커톤 워크샵
14. 페이스북페이지 운영

고자 했다는 점에서 의미가 있다. 서울주택도시공사뿐만 아니라 여러 공공기관이 가지고 있는 공공의 자산은 그중 세월이 지나 노후해지기도 하고 그중 일부는 더 이상 효용 가치가 없어 어쩔 수 없이 방치되는 경우가 생기기도 한다. 이러한 공간은 새로운 기회를 만들어 낼 수 있는 중요한 자원이고 더 큰 공공의 가치와 파급효과를 만들어 낼 수 있다는 가능성이 있을 뿐만 아니라 아까운 공공자산을 모두의 이익을 위해 활용해 나가야 하는 의무가 있다는 점을 제기하고자 했다. 더욱이 포스트 코로나19 시대에 공공공간의 역할과 방향은 어떠해야 하는가에 대한 질문으로부터 소규모, 지역 밀착형 공간의 가능성과 그리고 그것을 운영하고 주도하는 주체들의 역할에 대한 고민과 새로운 화두를 이끌어 내는 계기가 되었으면 했다.

또한 전문가적인 입장에서의 공간 제공이 아닌, 실제 공간을 활용할 청년들과 주민들이 사용자 주도로 공간을 만들어 내고 활동할 수 있는 새로운 플랫폼을 제공해 주고자 했다. 청년들이 먼저 주도하고 여기에 주민들이 함께 공간을 만들고 기획하고 운영하는 데까지의 과정에 함께 참여하면서 지역 활성화의 가능성을 찾아볼 수 있었다. 또한 이번 프로젝트에 참가한 청년건축가들은 아직 학생이나 사회초년생으로서 앞으로 무궁무진한 가능성과 아이디어를 가지고 새로운 활동의 영역을 개척해 나갈 수 있을 것으로 기대한다. 그리고 이러한 시작들이 기존의 청년 활동 기반과 협력하고 엮어지면서 새로운 도시재생 활동과 지역 활성화의 기반을 다져가는 데 도움이 될 수 있을 것이다.

마지막으로 이번 프로젝트는 서울주택도시공사가 공공기관으로서의 새로운 사회적 역할을 개척해 나가고자 했다는 데 의미가 있다. 서울주택도시공사는 그동안 감당해 온 서울의 도시와 주거문제의 본래의 역할을 다하면서도, 새로운 시대에 요구되는 프로젝트의 수행과 주거복지를 넘어 더 나은 도시환경을

추구하는 역할을 발굴하고 제시해 나가는 데 기여하고자 하고 있다. 이에 서울
주택도시공사는 1기에 이어 2기 SH청년건축가 프로젝트를 추가로 착수하여 진
행중이며, 특히 2기 SH청년건축가 프로젝트는 중요한 자산 중 하나이며 새로
운 화두인 '빈집'을 대상으로 진행 중이다. 이러한 시도는 공공기관의 역할인 모
델을 제시하고 가능성을 제기하여 더 큰 파급효과로 이어지는데 기여할 수 있
을 것이며, 다양한 주체들로 확대재생산 되어 더 확산되기를 기대하고 있다.

기대효과 그리고 가치 _일파만파(一波萬波)

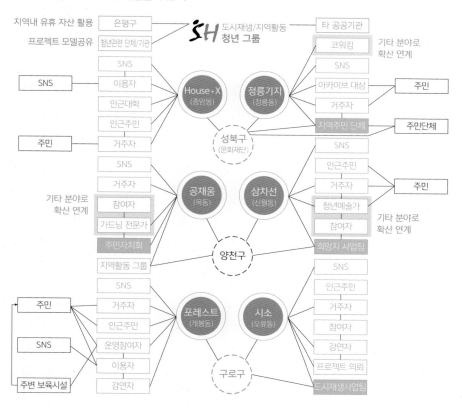

공간복지전략실

—

서울의 주택, 도시환경을 통해 사회적 가치를 만들어가는 공공기관으로서 서울주택도시공사(SH공사)는 2018년 주거중심의 복지를 넘어 지역을 아우르는 보편적 장소중심의 복지로 '공간복지'를 선포하였다.

모든 세대와 계층에게 필요한 시설·서비스를 지역에 맞춰, 좋은 공간으로 공급하도록 하는 공간복지를 통해 시민의 삶을 개선해 나가고자, SH공사는 공간복지 실현을 위한 다양한 사업과 혁신 방안을 전개해 나가고 있다.

공간복지전략실은 우리의 삶을 담아내는 장소, 공간을 통해 삶의 질을 높이고 공간의 불평등을 해소해 나가는 '공간복지'라는 혁신사업을 정착시키기 위한 다양한 전략수립과 시범사업을 수행하고 있다.

청년건축가 프로젝트 외에도 공간닥터, 공간복지포럼, 공간복지 마스터플랜 수립, 매입임대주택활용 공간복지 정책수립, 유휴공간 활용 등 공간복지 개념을 확산하고 그 모델 및 사업화방안 마련 등을 추진 중이다.

SH 서울주택도시공사

프로그램 추진 과정

튜터링 과정과 그 이야기

_

도시공감협동조합건축사사무소&
블랭크건축사사무소

설계공모전에서부터 공간운영에 이르기까지

2019년 봄, SH공사의 창립 30주년 기념을 맞이하여 '제5회 SH청년건축가 설계
공모전 x SH공간복지 혁신플랫폼' 이란 주제로 공모전을 진행하였다. 스튜디
오와 일반부문에서 총 9개팀이 수상을 하였고 수상한 팀은 2단계 창업기획 지
원이라는 특전을 부여하였다. 수상한 팀을 대상으로 참여 의사를 확인한 결과
9개 팀 중 학업 등을 이유로 2개 팀이 불참하여 최종적으로 7개 팀이 2019년 9
월 오리엔테이션을 시작으로 2단계 프로그램을 시작했다. 다만 2단계가 시작
되고 대상지를 선정하는 과정에서 1개 팀이 중도 하차하는 바람에 최종적으로
6개 팀이 2단계 프로그램을 함께하였다.

2단계 공간운영 기획 및 설계 과정은 지원기관으로 블랭크건축사사무소(이
하 블랭크)와 도시공감협동조합건축사사무소(이하 도시공감)가 참여하였다.
두 지원기관이 SH공사와 함께 2단계 프로그램 전체 과정을 기획, 진행하였다.
6개 팀 14명의 청년건축가와 4개월 동안 총 16회에 걸친 워크숍을 진행하였고,
3개 자치구에 걸친 6개 대상지(반지하)를 조사하여 각 공간에 대한 운영계획서
와 공간계획안을 제안하였다.

이 과정에서 SH공사가 저층 주거지 내 소유한 매입임대주택에 대한 새로
운 활용 방법을 고민하며 열악한 반지하 공간이지만 지역 사회에 필요한 생활
SOC으로서 활용하기 위한 아이디어를 발전 시켜 나갔다. 지원기관은 각자 맡
은 팀들과 매주 진행한 워크숍 외에도 1:1로 온오프라인 만남을 가지면서 각 팀
이 고민하는 부분을 건축가이자 운영자로서의 조언을 통해 3단계 공간운영에
대한 준비를 진행하였다.

6개 팀의 아이디어는 최종 공간운영계획서로 정리하여 2단계가 마무리된
2019년 12월에 외부자문단과 SH공사 관계자로 구성된 최종평가회를 거쳤다. 최

소한의 평가 기준을 통과한 6개팀에는 2020년 3단계 프로그램인 해당 공간 운영 참여 권한을 부여하였다.

3단계에서는 각 팀이 선정, 계획한 대상지에 대한 공간조성과 함께 1년간 1,500만원의 활동지원금을 활용하여 공간을 운영하게 되었다.

2단계 청년건축가
공간기획 및 설계 지원

두 지원기관의 2단계 프로그램의 참여

설계 공모 이후 2단계 준비과정에서 지원기관으로서 블랭크와 도시공감이 2단계 프로그램에 참여하고 싶었던 가장 큰 이유는 건축을 공부하고 사회에서 건축가로서 직업을 찾는 과정에서 다양성이 있음을 제안하고 싶었기 때문이다. 실제로 도시공감은 후암동을 기반으로, 블랭크는 상도동을 기반으로 지역 내 필요하거나 제안하고 싶은 공간을 만들고 운영하고 있다. 처음 오리엔테이션을 할 때 참가자들의 팀 소개 내용 중에 건축가의 역할에 대해 고민을 한다고 했던 팀들이 있었다. 기존의 전통적인 건축가의 역할에서 확장하여 공간을 직접 만들고 운영하는 경험 고민하며 지원기관과 6개 팀의 청년건축가들이 2단계에 함께 하게 되었다.

실제로 청년건축가들은 지원기관의 바람처럼 설계 공모전에서 제안한 지역에 프로그램을 실제 현장에 적용하기도 하였고, 본인이 생활하는 학교 주변 대상지에 이용자이자 운영자로서 욕구들을 반영하기도 하였다. 건축가의 시선으로 기록하고 싶은 지역의 자원들을 발견하기도 하였고, 지역의 문제를 잘 할 수 있는 분야로 해결하고자 하였다.

한 학기 스튜디오와 맞먹는 공간 기획 및 설계 워크숍

2단계 프로그램으로 공간기획 및 설계 워크숍은 중간공유회, 최종공유회를 포함하여 총 16주 차에 걸쳐 진행하였다. 워크숍을 위해 매주 청년건축가와 SH공사, 두 지원기관은 대부분 지원기관이 운영하는 공간에서 모였다. 청년건축가 중에는 학생뿐만 아니라 설계사무소 등을 다니는 직장인도 포함되어 있다 보니 주로 저녁 시간에 모여서 다과를 나누며 각 팀이 한 주간 진행한 내용을 공유하는 방식으로 진행하였다.

처음 워크숍을 기획할 때는 온라인과 오프라인을 함께 활용하며 진행할 계획이었다. 네이버 카페를 개설하고 각 팀의 진행 상황을 PPT 등으로 정리하여 공유하고 담당 지원기관이 댓글을 다는 방식으로 의견을 전달하는 형식이었다. 하지만 초반 대상지 선정에 대한 이슈들이 생기게 되고, SH공사에서도 처음으로 시도하는 프로그램이다 보니 주최자인 SH공사와 지원기관, 청년건축가가 다 같이 모여 의견을 나누고 결정을 해야 할 일들이 많아졌다. 자연스럽게 온라인 채널은 자료 공유의 목적으로 제한되고 매주 오프라인에서 모여 진행 상황을 공유하고 매 시기별 결정이 필요한 부분을 함께 결정해 나갔다.

1

1. 주차별 워크숍

모든 프로그램이 그러하겠지만 참가자들의 상황과 의견이 다양하다 보니 단계별로 각각의 주체별 역할과 필요한 지원내용을 정리하는 것이 쉽지만은 않은 과정이었다. 6개 팀이 선정한 대상지 지역 또한 모두 다르다 보니 지역마다 필요한 자원과 요구되는 조건들 또한 다양하였다. 하지만 꾸준히 나누었던 이야기는 색깔이 다른 각 팀에 맞춤형으로 3단계 지원을 할 예정이라는 것과 각 팀이 지역에서 하고 싶은 기획을 자유롭게 적극적으로 제안해 달라는 점이었다. 그렇게 16주 동안 앞으로 운영할 각 팀의 공간들에 대한 제안을 만들어 갔다.

워크숍 초반 당초 예상과 달리 대상지 선정으로만 7주 차의 긴 시간을 보내게 되면서 11주 차에 진행할 중간공유회까지 빠르게 달려가야 했다. 지원기관과 함께 대상지에 필요한 생활공간들이 무엇일지 다양한 관점에서 지역을 분석하며 아이디어를 발전시켜갔다. 마을의 거점공간을 조사하거나 공간 관계자, 주민 등을 인터뷰하기도 하고, 기존 마을단위 사업들을 분석하며 지역의 이슈를 알아갔다. 더불어 지역의 이슈와 함께 각 청년건축가 팀이 관심 있거나 하고 싶은 활동에 대한 주제들도 놓지 않으려 했다. 한 주간 진행 내용을 공유하면서 각 팀이 하고 싶은 아이디어들을 구체화해 나갔다. 하지만 공간운영이 처음이다 보니 3단계 지원 규모 내에서 실행 가능한 기획의 정도를 파악하는 것이 쉽지만은 않았다. 지역을 조사하고 머무는 시간이 많아질수록 애정이 늘어남과 동시에 하고 싶은 프로그램들이 많아지면서 현실적으로 제한된 시간과 예산안에서 진행하기 어려운 규모의 아이디어가 등장하기도 하였다. 이러한 부분들을 워크숍에서 함께 다듬어 가면서 지치지 않고 1년 동안 운영할 수 있는, 지역에도 필요하고 각 팀이 가장 잘 할 수 있는 프로그램 기획을 만들어 나갔다.

　　3단계 운영계획안이 나오고 그에 맞는 공간 디자인까지 진행하여 중간공유회를 준비하였다. 건축가로서 다양한 건축물들을 디자인해왔지만, 본인이 직접 운영할 공간을 디자인한다는 것은 청년건축가 모두 처음인 경험이었다. 또한 기존에 학교와 직장에서 다루던 공간 규모에 비해 훨씬 작은 공간을 디자인하다 보니 그 과정에서 어려움도 있었다. 작은 공간일수록 공간을 효율적으로 만드는 것이 중요하고 어떠한 프로그램을 어떻게 운영할지에 따라 공간의 성격과 디자인이 결정될 수 있다는 점을 함께 배워갔다. 마감재와 소품까지 함께 찾아가며 공간에 들어갈 작은 부분에 대한 계획까지 진행하였다.

　　계획서를 작성하며 중요했던 부분은 예산 계획이었다. 2020년 활동지원금인 1,500만원을 주어진 세목에 맞춰 예산을 산출하였다. 매주 청년건축가와 지원기관이 모여 계획서를 같이 보면서 예산이 적정하게 산출되었는지, 운영 과정에서 소요되는 예산이 누락되거나 덜 책정된 것은 없는지 등을 체크하고, 한편으론 마감재나 시공방법을 고려하며 도면을 수정해 나가며 조금씩 결과물을 완성해 갔다.

  그렇게 완성한 공간운영계획서와 기본설계 도면을 놓고 SH공사 내부에서 진행된 최종공유회와 외부전문가가 참여한 최종평가를 진행하였다.

  결과적으로 최종평가에서 모든 팀이 기준점 이상의 평가를 받고 3단계 공간운영에 참여할 수 있는 자격을 공식적으로 얻게 되면서 긴 16주 차의 과정을 마무리하게 되었다.

3. 주차별 워크숍
4. 최종평가회

물, 곰팡이와 씨름하며 우여곡절 끝에 대상지 선정

2단계에 참여할 청년건축가 팀이 확정되고 난 후 각 팀이 공간운영과 프로그램을 진행하게 될 대상지를 선정하기 위한 선호도 조사를 진행하였다. SH공사가 소유한 매입임대주택 중 지하 또는 반지하층 세대가 비어있는 23개의 공간에 대한 기본정보를 제공하였고 이 중에서 팀별로 3순위까지 대상지를 선택하여 공유하였다. SH공사에서 제공한 정보는 해당 주택의 주소와 개략적인 공간 현황 정도였는데, 사실 그것만으로는 각 공간의 내부 상태를 파악할 수 없었다. 일주일 동안 각 팀이 원하는 대상지에 방문하여 대상지 주변에 대한 기본적인 정보를 확인하면서 선택하고 워크숍에서 이에 대한 의견을 나누었다.

팀별로 2~3개의 대상을 골라왔는데 대부분의 팀들은 팀원들의 학교나 집 등 생활반경 인근이거나 생활반경에서 접근이 용이한 장소를 우선으로 선택하기도 하였다.

5. 초기 대상지 외관

　이 과정에서 청년건축가들이 현장을 방문하였지만 이 시기 대부분 현장은 해당 주택을 관리하는 관할 센터와 협조 등 문제로 주택 내부까지 확인하기는 어려운 상황이었다. 또한 대부분의 공간이 장기간 사람이 출입하지 않고 폐쇄하여 접근이나 출입이 용이하지 않다는 점도 확인하였다. 심지어 어떤 대상지의 경우 출입문이나 창문을 이미 벽돌로 쌓아 막는 바람에 작은 구멍으로 겨우 몸을 굽혀 들어가야 할 정도였다.

　청년건축가 팀 간 서로 겹치지 않게 대상지를 선정하고, 본격적으로 관할 센터의 협조를 얻어 대상지 내부를 확인하기 시작하였다. 그런데 내부를 확인한 대상지들은 밖에서 확인했던 것보다 훨씬 열악한 상태였다. 장기간 폐쇄로 인해 공간 내부에 물이 차 있는 것은 물론, 창문이나 출입문이 폐쇄되어 진입조차 어려운 곳도 많았다. 어떤 공간은 건축물대장상 이미 말소된 곳도 있었다. 대부

6

6. 초기 대상지 내부

분의 공간이 반지하이다 보니 곰팡이가 공간 전체를 뒤덮고 있기도 하였고, 낯선 외부인의 출입에 위층에 거주하는 주민들이 불편함을 표현하며 경계를 하는 모습도 보였다.

대상지 선정에 대한 대책이 필요한 시점이었다. 물이 차고 불도 안 켜지는 지하층에 장화를 신고 랜턴을 목에 걸고 들어가 실측을 하기도 하고, 낯설어하는 주민에게 우리가 이곳에 온 목적과 계획도 설명하였다. 하지만 정말 이 공간을 청년건축가와 주민이 함께 사용하는 생활 SOC 공간으로 활용하기 적합한지 근본적인 재검토가 필요했다.

무엇보다 정해진 예산 안에서 공간을 조성할 수 있을지가 관건이었다. 폐허와도 같은 공간을 기본적인 설비와 구조를 갖춰 인테리어 공사까지 진행하기에는 대공사가 예상되는 대상지들이 있었다. 할 수 없이 SH공사에서 대상지를 추가로 검토하기로 하였다. 내부 상태가 양호한 대상지를 SH공사에서 사전 점검을 진행하고 사용이 가능한 수준의 대상지 목록을 다시 제공했다. 이 과정에서 3개 팀이 대상지를 다시 선정하였고, 처음 선정한 대상지가 어느 정도 양호했던 팀들은 지역조사를 시작하였다. 대상지를 선정하고 나니 어느덧 한 달 반이라는 시간이 흘러갔다.

그리고 대상지 선정과정에서 설계공모전부터 기획한 아이디어를 지속 발전시키기 위해 특정 지역 내 대상지 선정이 무엇보다 중요했던 한 팀은 추가 대상지 선정과정에서 해당 지역 내 대상지를 찾지 못하게 되면서 2단계 프로그램에서 잠정 하차하게 되었다. 안타까운 순간이었다.

쉬울 줄만 알았던 대상지 선정 과정에서 예상치 못한 변수를 만나게 되었고, 처음 진행되는 프로그램의 시행착오를 다 같이 경험해 나가고 있었다. 매도 먼저 맞으면 낫다는 말은 옛말일 뿐 이었던가.

7

7. 최종 대상지 사진

청년건축가의 개성을 반영한 공간기획 및 아이디어

워크숍을 진행하며 정리된 공간기획안은 각 팀 청년건축가의 관심사와 성향 그리고 공간의 특성에 따라 자연스럽게 정리되었다. 6팀 6색의 공간기획이 된 것이다. SH공사에서 구체적인 공간운영이나 기획 기준을 제시하지 않은 덕에 오히려 각 팀의 성격이 더 잘 드러난 것 같기도 하다.

포레스트는 6개 팀 중 유일하게 1인으로 구성된 팀이다. 이에 실제로 3단계를 진행할 경우 다른 팀에 비하여 운영에 대한 부담이 더 클 것으로 우려되었다. 그럼에도 불구하고 2단계 과정을 진행하는 동안 현장의 목소리를 담기 위해 가장 노력한 팀이었다. 다양한 시설을 찾아 관계자를 인터뷰하면서 지역에 육아를 하는 엄마세대가 많지만 그들이 동네에서 편하게 갈 수 있는 공간과 육아 중 자투리 시간에 여가를 보낼 공간이 없다는 것을 알게 되었다. 이에 엄마들을 대상으로 한 휴게공간과 강의 프로그램을 기획하였고 팀명과도 가장 잘 어울리는 '숲 속 아지트'라는 컨셉의 공간을 제안하였다.

하우스+엑스는 초반부터 아이디어가 풍부했던 팀이다. 본인들이 다니는 학교 근처 오래된 상권을 대상으로 한 아카이빙, 환경디자인, 커뮤니티 다이닝 등 하고 싶은 프로그램이 다양했다. 그렇다 보니 각 프로그램 사이사이에 연결된 이야기를 만들어 갈 수 있게끔 다듬는 작업에 집중하였다. 건축가이자 디자이너로서 지역에서 할 수 있는 역할을 고민하면서 2단계를 진행하였고, 결과적으로 팀 내부적으로도 좋은 포트폴리오가 될 수 있는 작업을 3단계까지 이어나갈 수 있는 바탕을 만들었다.

정릉기지의 대상지는 다른 곳들과는 조금 다른 모습을 하고 있었다. 연립주택

3개동 중 1개동의 반지하 공간으로 독립된 섬처럼 있는 주택 안에서 생활 SOC 공간은 어떤 모습이어야 할지를 고민하였다. 외부에서 접근에 한계가 있다 보니 일상적으로 오가는 공간과 프로그램보다는 목적성이 있는 프로그램을 제안하였다. 공간이 넓은 장점을 살려서 건축뿐 아니라 다른 분야 청년들과 작업실을 공유하고 함께 지역의 자원들을 아카이빙하는 프로그램을 제안한 것이다. 또한 연립주택에 거주하는 사람들과 함께 영화를 보는 고려극장, 주택 내 환경개선 등 지역주민들과의 관계 형성을 위한 적극적인 프로그램을 함께 제안하였다.

공채움이 선택한 대상지는 목2동으로 신혼부부 등 젊은 세대가 밀집하여 거주하고 있는 곳이다. 청년건축가 본인들의 관심사와 지역 특성을 잘 연계하여 이너가든이라는 컨셉을 2단계 초반부터 굵직한 컨셉으로 가져가게 되었고, 이너가든의 세부적인 프로그램과 그에 어울리는 공간디자인을 발전 시켜 나갔다. 식물을 주제로 하는 만큼 문턱 낮은 생활공간이 될 수 있을 것이라는 기대감이 있었고, 적극적으로 지역사회와 연결될 수 있는 추가 사업들 또한 가능할 것으로 기대되었다.

플레이어들의 응원의 자리, 중간공유회

2019년 11월 14일에 진행한 중간공유회를 준비하면서 중요하게 생각했던 부분은 공유회 자리가 청년건축가 각 팀을 평가를 위한 발표 자리가 아닌 실제 현장에서 활동하는 팀으로부터 의미 있는 조언을 듣고 계획들을 발전시킬 수 있도록 하는 것이었다. 이 때문에 지역을 기반으로 현장에서 실제 활동을 하고 있는 전문가를 자문위원으로 초대하였다.

총 5명의 외부 자문위원을 초대하였는데 건축가뿐 아니라 기획자, 디자이너

등 다양한 분야에 걸친 전문가가 참여했다.

공채움 대상지가 있는 목2동에서 문화예술 활동들을 진행하고 있는 플러스마이너스1도씨의 유다원 대표, 지역에서 문제를 발굴하고 이를 해결하기 위한 콘텐츠를 기획하는 어라운디 손민희 대표, 다양한 공공디자인 작업과 캠페인을 진행하는 공공소통크리에이터 장종원 대표, 369성곽마을에서 앵커시설을 조성단계부터 시작하여 운계까지 참여하고 있는 이상훈 소장, 인천에서 오래된 지역의 공간을 재생하는 사업을 진행하고 있는 건축재생공방 이의중 소장이 바쁜 일정 와중에 참석해주었다.

중간공유회에서 청년건축가들은 각 팀의 대상지와 주변 지역조사 내용, 2020년 공간 운영프로그램 기획안, 공간 디자인 안을 정리하여 발표하였다.

오류동에 건축학교 프로그램을 계획한 시소는 건축학교라는 익숙한 프로그램이 지역의 니즈를 어떻게 담을 수 있을지에 대한 의견이 나왔다. 또한 건축학교 이후의 과정들을 어떻게 기획하고 있는지에 대해서도 고민이 필요하다는 의견을 들었다.

목동에 이너가든 프로젝트를 기획하여 식물을 매개로 한 프로그램들을 제안한 공채움은 가드닝이라는 전문적인 분야를 건축가가 다룸에 있어서 스스로 해결하기보다는 지역 내 전문가들과의 적극적인 협업을 제안하기도 하였다.

신월동에 청년작가의 작업공간이자 지역 아동들과의 예술활동을 제안한 삼차선은 건축가가 기획하고 운영하는 작업실이므로 지역의 스토리들을 담을 수 있는 방법을 더 고민하면 좋을 것 같다는 의견이 있었다.

정릉동 고려주택에 청년들이 함께 사용할 공유작업실을 계획하고, 지역 아카이빙 작업과 살롱 운영을 제안한 정릉기지는 아카이빙을 통해 지역 사람들의 참여를 이끌어 내는 것이 좋을 것 같다는 의견과 살롱을 통해 청년을 만날 수 있는 방법을 좀 더 고민해 보라는 의견을 들었다.

마지막으로 개봉동에 엄마들을 위한 아지트 공간을 제안한 포레스트는 운영 대상이 구체적으로 정해진 공간인 만큼 대상에 대한 이슈를 좀 더 확인하고 그에 맞는 프로그램을 더 구체적으로 발전시켜 보라는 의견이 있었다.

이렇게 건축, 미술, 문화예술 등 다양한 분야의 전문가 자문을 통해 그동안의 결과물들을 각 팀이 스스로 점검하고 이후 좀 더 탄탄한 계획으로 발전시키는 기회가 되었다.

지역기반 공간운영 현장을 가다

중간공유회를 진행 한 주 토요일에 공유회 준비로 애썼을 청년건축가들을 위해 분위기 환기도 시킬 겸 실제 지역기반으로 공간운영을 하고 있는 현장을 찾았다. 반나절 남짓 한 시간 동안 두 현장을 찾았는데, 정릉동과 369성곽마을을 다녀왔다.

오전 11시 성북신나에서 운영을 맡고 있는 성북 무중력지대에서 모두 모였다.

서울시에서 청년들을 위해 마련한 공간인 무중력지대가 어떤 성격으로 어떻게 운영되고 있는지를 박동광 센터장으로부터 안내를 받았다. 더불어 그동안 다큐멘터리나 예능프로에서 짤막하게나마 소개된 정릉동 교수단지 영상을 활용한 소개는 지금도 잊혀지지 않는다. 무중력지대 공간을 둘러보고 난 후 함께 정릉동으로 이동했다. 걷기 좋은 가을날이었다.

재개발에 반대하기 위한 활동으로 시작하여 현재까지 주민들의 자발적인 자투리 공간을 활용하거나 때마다 마당을 일반 시민에게 개방하는 등의 형태로 가꿔가고 있는 정릉 교수단지를 둘러보고 성북신나에서 직접 운영하고 있는 두 공간도 함께 살펴보았다. 성북신나의 사례는 공공에서 위탁받아 운영하는 공간과 스스로 공간을 임차하여 프로그램을 기획하여 운영 중인 두 공간을 함께 비교하며 보는 기회가 되었다.

정릉 아리랑시장에서 삼삼오오 점심식사를 해결하고 난 후 근처 369성곽마을로 다시 모였다. 중간공유회 때도 참석해 청년건축가의 기획안을 살펴 준 이상훈 소장이 직접 마을과 프로젝트를 소개하고 현장답사를 안내했다.

이상훈 소장은 이상도시 대표이기도 하지만, 369마을 주민공동체운영회에 참여하며 마을관리 및 앵커시설 운영을 맡고 있기도 하였다. 369마을은 앞서 정릉동 사례와 달리 행정에서 저층 주거지에서 진행한 관리형 주거환경개선사업 그리고 성곽마을 가치공유 사업 등을 바탕으로 주민 조직화가 이루어지고 사업으로 조성된 마을 내 앵커시설을 공유공간 등의 형태로 운영하고 있었다. 전시장, 작은 카페, 마을 부엌 등으로 사용하는 작은 앵커시설들도 하나씩 살펴보았다.

서로 다른 두 사례를 살펴보며 청년건축가들이 지역과 공간 그리고 관련된 사업이나 계획에 따라 어떤 주체가 공간을 어떻게 운영하는지를 가늠해볼 수 있는 시간이었으리라 기대한다. 2단계 워크숍 진행 과정에서 가능하면 다양한 사례를 실제 현장에서 보고 느낄 수 있는 기회를 많이 만들고 싶었는데, 막상 매주 바쁘게 진행하다 보니 그러지 못한 점이 아쉬움으로 남는다.

9

9. 현장답사

3단계로 가는 마지막 관문, 최종공유회와 평가회

중간공유회 이후 실제 최종공유회와 평가회까지 남은 시간은 한 달 남짓이었다. 중간공유회에 참여한 외부 전문가가 남긴 과제를 공간 운영계획서에 녹여내는 일 그리고 도면을 완성도 있게 마무리하는 일이 남았다.

3단계 공간 운영을 위한 마지막 관문의 카운트다운이 시작되었다. 한편에선 정해진 서식에 맞춰 그동안의 작업물을 정리하고 다른 한편에선 청년건축가와 두 지원기관이 머리를 맞대고 앉아 도면을 하나하나 체크해가며 공간 조성 준비를 해나갔다.

12월 16일 드디어 최종공유회를 가졌다. 최종공유회는 우선 SH공사 내부 관계자와 청년건축가, 두 지원기관이 참석하였다. 평가보다는 그야말로 공유를 위한 자리였다. 지난 4개월여에 걸친 짧지 않은 시간 동안 각 청년건축가 팀이 지역에서 어떤 고민과 기획으로 앞으로 공간을 운영할지를 최종적으로 선보이는 자리였다.

훈훈하게 마무리한 최종공유회 이후 또 하나의 관문이 청년건축가를 기다리고 있었다. 사실 부담을 크게 가질 것은 아니었지만, 2020년 3단계 공간운영 지

10

10. 최종공유회

원 여부를 판단한 정식 평가과정을 마련한 것이다. 12월 20일 SH공사에서 중간 공유회 때 참석한 장종원 대표, 손민희 대표, 이의중 소장 그리고 중간공유회는 참석하지 않았지만, 지역기반 도시재생의 현장경험이 풍부한 틔움 정혜영 대표 가 참석한 평가회가 진행되었다. 평가는 청년건축가가 제출한 공간 운영계획서 를 바탕으로 계획이 적정한지, 공공에 기여하는지 그리고 얼마나 실현 가능한 지를 중심으로 이뤄졌다. 평가는 순위를 정하는 방식이 아니라 세부 항목별로 평가를 거쳐 총점 60점 이상인 경우 3단계 지원 자격을 부여하기로 하였다.

　예상대로 6개 팀의 평가 결과 대부분 80점대를 기록하며 무난하게 3단계 공 간 운영 자격이 주어졌다.

11

11. 각 공간 공사 사진

12

12. 각 공간 공사 사진

　　최종평가까지 마친 이후에는 SH공사가 바쁘게 움직였다. 이제 곧 2020년을 맞이하며 청년건축가의 공간운영계획서 대로 운영을 할 수 있도록 준비작업을 해야 했다. SH공사는 우선 청년건축가가 제출한 기본설계 도면을 바탕으로 실시설계에 착수했다. 공사 발주를 위해 실시도면을 작성하고 내역을 산출하는 과정을 거쳤다. 이를 토대로 공사 발주에 들어가 하나씩 공사를 시작했다. 실시설계 과정에서도 청년건축가의 의도가 고스란히 유지, 반영될 수 있도록 실시설계를 담당하는 건축사사무소와 청년건축가가 소통할 수 있도록 하였고, 이는 공사과정에서도 마찬가지였다.

　　청년건축가들은 각 팀별로 공사 현장을 자주 찾으며 설계 의도대로 구현될 수 있도록 신경을 쓰기도 하고, 리모델링인 만큼 현장에서 조정이 필요한 부분이 있으면 적극 의견을 개진하기도 하였다. 평가회 이후 이러한 과정을 겪으며 모두가 조금씩 3단계 공간 운영을 위한 준비를 해나갔다.

3단계 청년건축가 공간운영 지원

공간운영 '지원'을 위한 준비과정

우여곡절 끝에 2019년 하반기 진행된 2단계 공간운영 기획 및 설계 단계는 마무리되었다. 각 단계별 프로그램의 진행과 내용은 독립적이지만, 사실 2단계는 3단계 공간운영을 위한 사전 준비 과정이었다. 2단계에서 청년건축가가 지역의 현황과 과제를 살피고 반지하 공간을 중심으로 한 생활 SOC 및 공간운영을 기획하는 것 자체로도 분명 의미가 있고 새로운 작업이었지만 이를 실제 실행하는 것이 궁극적 목표 중 하나였고, 실행하는 과정에서 청년건축가의 사회적 역할과 지역 거점 공간의 역할을 확인해보고자 하였다.

하지만 3단계 실제 공간 운영에 착수하기 전까지 넘어야 할 산이 몇 가지 있었다. 2단계를 준비할 때까지만 해도 전혀 예상 못 했던 코로나19 감염병이라는 가장 큰 산을 포함해서 말이다.

청년건축가가 제출한 공간 기획서에 대한 최종 평가와 승인이 완료된 후 SH공사는 청년건축가가 계획한 공간 기본설계안을 바탕으로 실시설계를 진행하고 공사를 시행함과 동시에 한편으론 3단계 운영 방안을 마련해야 했다.

청년건축가가 각 공간에서 2020년 한 해 동안 공간 운영을 할 수 있도록 준비하는 데 있어 가장 큰 문제는 활동지원금 지급방식이었다. SH공사는 지방자치단체처럼 공모사업을 진행하며 일반 시민에게 보조금 형태로 비용을 지급하고, 시행한 경험이 없었기 때문이다. 또한 조직의 성격과 형태상 단기간에 준비하여 이런 시도를 한다는 것이 쉽지 않은 상황이었다. 청년건축가 한 팀당 1,500만 원의 활동지원금을 지급하고, 이를 이용하여 공간운영을 해야 하는데 비용을 누가 어떻게 지급할 것인가가 관건이었다. 여러 경우의 수를 놓고 검토했지만 결국 제한된 시간 안에 선택할 수 밖에 없었던 대안은 '공간운영 지원' 용역을 발주하고 활동지원금을 용역비에 포함하여 해당 과업을 수행하는 용역사가 청년건축가에게 정해진 활동지원금을 지급하는 방식이었다. 활동지원금을 SH공사가 청년건축가에 지원하는 것이지만, 이 지원금을 운용하고 프로젝트를 관리하는 '운영기관'을 두게 된 것이다.

청년건축가와 2단계에서 호흡을 맞추며 공간기획 및 설계를 도왔던 도시공감과 블랭크가 3단계 공간운영 지원의 운영기관으로 다시 참여하게 되었다. 운영기관으로 참여하기 전까지 고민이 많았다. 공간기획 및 설계과정에서 두

기관이 가진 현장경험을 바탕으로 청년건축가 곁에서 튜터링하는 것과 활동지원금을 운용하는 것은 전혀 다른 차원의 일이었기 때문이다. 공간기획 및 운영자로서의 전문성 보다는 활동지원금을 적절하게 사용하는지, 사용 후 관련 증빙은 철저하게 하는지를 관리, 감독해야 하는 일이 더 크기 때문인데 이는 모두가 예상하듯이 잔손이 많이 가는 제법 귀찮은 일이다. 두 기관 모두 고민이 깊었다. 그럼에도 불구하고 2단계에 참여하며 청년건축가의 고민과 기획의도를 이해하고 있고 1단계에서부터 시작해 최종 단계라 할 수 있는 3단계에 이르기까지 전체 과정에 참여하는 데 의미를 두고 3단계에 함께 하게 되었다. 준비 과정 등을 거쳐 4월 1일, 본격적으로 '3단계 공간운영 지원'에 착수하기에 이르렀다.

운영기관은 2020년 4월부터 12월까지 약 9개월간 청년건축가 6개 팀의 활동지원금 운용과 함께 청년건축가의 운영과정을 잘 기록하고, 점검하는 일을 맡았다. 또한 공간운영이나 지역기반 청년건축가의 역할을 찾아가는 과정에서 필요한 교육이나 컨설팅 등을 지원하기로 했다.

3단계 공간운영의 첫 발을 떼다

3단계 공간운영은 SH공사, 청년건축가, 운영기관 3자간 협약을 맺는 것으로 시작하였다. 2020년 4월 7일 SH공사에서 협약식을 진행하였다. 협약식은 SH공사 관계자, 청년건축가, 운영기관만 참여하여 단촐하게 진행하였다. 2단계 종료 후 코로나19 등 어수선한 상황에서 미뤄둔 청년건축가 임명도 협약식과 함께 진행되었다. SH공사가 임명한 청년건축가 1기가 정식으로 임명되고, 반지하를 재생한 공간을 운영할 수 있는 권한이 주어지는 역사적인 순간이었다. 협약까지 정식으로 체결한 만큼 본격적인 공간 운영의 첫발을 뗀 것이다.

협약 이후 운영기관과 청년건축가는 바빠지기 시작했다. 우선 운영기관인 우리는 활동지원금 집행 준비를 해야 했다. 청년건축가가 활용해야 할 지원금 집행 기준과 서식은 SH공사에서 이미 제공한 상태였지만, 운영기관 법인을 통해 집행하는 만큼 우리 법인 내부 기준에 맞게 일부 각색하거나 사전 준비과정이 필요했다. 예를 들면 6개 청년건축가 팀이 사용할 법인카드를 새로 만드는 일, 활동지원금만 별도 분리 관리할 예금통장을 만드는 일 등이다. 한시라도 빨리 청년건축가가 활동지원금을 지급해야 공간 운영 준비 마무리가 가능했기에 서둘러야 했다.

13, 14

13, 14. 협약식 사진

　우리가 지원금 집행을 준비하는 동안 청년건축가는 마지막 공간 운영 준비를 해야 했다. 시공사가 공사는 마무리했지만, 실제 공간 운영을 위해 필요한 각종 집기나 사무용품, 공간 운영 소개와 매뉴얼 등을 준비해야 했다. 시공사에서 공사를 마무리한 후에 공간을 채워 넣는 일에 공사 과정에 버금가는 에너지가 소비된다. 적절한 가구를 찾고 운영에 필요한 물품을 사서 채워 넣는 일이 쉽지만은 않다. 한편으로 다행이었던 것은 당시 코로나19가 확산되고 상황이 점점 심각해지면서 섣불리 공간을 개방하여 운영하기가 녹록지 않았다는 것이다. 청년건축가 입장에서는 공간 운영 준비 시간을 조금 더 확보한 셈이었다.

이제부터 실전, 집체워크숍

4월 7일 협약식 이후 준비과정을 거쳐 같은 달 25일 청년건축가와 운영기관이 함께 모여 한 해 동안 진행할 공간운영과 그 지원 방법, 내용을 공유하기 위한 워크숍을 가졌다. 워크숍은 기분전환도 하고 공유공간 운영 사례도 볼 겸 북촌에 위치한 한 공간을 대관하여 진행하였다. 주말 오전이라는 안타까움도 함께였지만.

집체워크숍은 청년건축가와 SH공사 그리고 두 운영기관이 참석했다. 워크숍의 큰 이슈는 두 가지였다. 하나는 활동지원금을 어떻게 쓰고 증빙해야 하는지에 대한 안내 그리고 2단계에서 공간운영 기획서를 작성하였지만, 운영 시기나 내용 등 지난 몇 달간의 상황을 반영하여 눈앞에 닥친 공간 운영에 필요한 사항을 재점검하는 것이다.

우선 각 청년건축가 팀별로 활동지원금 카드를 지급했다. 앞으로 현장에서 공간운영에 필요한 물품 구입 등 비용 지출 시 카드 사용을 원칙으로 했다. 더불어 지출결의서부터 영수증 증빙까지 활동지원금 세목 별로 어떤 기준으로

15

15. 집체워크숍

집행하고, 해당 증빙서류는 무엇을 준비해야 하는지 등을 안내했다. 사실 예시로 서식을 작성하여 보여주고 설명하지만 이는 실제로 해봐야 이해할 수밖에 없다. 몸으로 하나씩 부딪히며 수정하고 확인하는 작업을 반복하여 자연스럽게 몸에 스미기를 기다릴 수밖에 없는 부분이다.

　두 번째로 각 팀별로 기존 운영기획서를 실제 실행할 수 있도록 월별로 구체적인 할 일(TO-DO LIST)을 작성해보도록 하였다. 공간운영, 프로그램, 홍보로 구분하여 각 분야별로 준비해야 할 일을 구체적으로 작성하며 눈앞에 닥친 공간 운영에 대비할 수 있도록 하였다. 또한 5월 중 각 공간별 오픈을 목표로 오픈하우스에 대한 기획도 하였다. 각 청년건축가 팀의 여건과 공간 상황을 고려하여 어떤 방법과 내용으로 오픈하우스를 진행할지를 계획하였다. 당장 내일부터 해야 할 일을 하나씩 적어 내려가며 적잖은 부담을 느꼈을 테다. 발 빠른 청년건축가는 이미 오픈하우스에 활용할 안내문과 명함을 제작, 인쇄한 팀도 있었다. 한 달에 한 번 정기 모임에서 다시 모이기를 약속하며 처음으로 한자리에 모여 식사를 하고 워크숍을 마무리 지었다.

16

16. 워크숍 결과물

일주일에 한번 온라인 결제의 날

활동지원금을 운영기관 법인이 집행하다 보니 현장에서 원활하게 사용하는 데 분명한 한계가 있었다. 집체워크숍에서 각 청년건축가 팀별로 체크카드를 지급하고 사용하도록 했지만 요즘엔 온라인 구매와 결제도 많이 이용하는데 이를 청년건축가가 필요시마다 할 수 있도록 하는 것이 사실상 불가능했다. 법인 명의 공인인증서와 계좌를 모든 청년건축가와 공유하는 것이 불가능했기 때문이다. 이에 대한 대책도 마련해야 했다. 쿠팡이나 SSG처럼 편리한 플랫폼을 두고 현장 결제만을 고집할 수 없는 노릇이었다. 특히 초반에는 공간을 채울 각종 가구, 비품, 생활용품을 구입해야 했는데 대부분 인터넷 쇼핑몰에서 구입하는 것이 저렴하고, 효율적이었기 때문이다.

그래서 고안해 낸 것이 주간집행과 월간집행 시스템이었다. 현장에서 체크카드로 구입하지 않고 온라인 결제나 계좌이체 등이 필요한 항목들은 정리하여 일주일에 한 번씩 운영기관에서 처리하기로 한 것이다. 청년건축가 입장에서는 필요할 때마다 수시로 처리해주는 것이 가장 유용하지만, 운영기관 입장에선 대기조처럼 이를 수시로 대응한다는 것은 현실적으로 불가능한 일이었다. 그래서 일주일에 한 번 필요한 결제내역을 정리하여 공유하면 처리하는 방식을 취한 것이다.

매주 월요일마다 청년건축가로부터 주간집행 리스트를 전달받는데 매번 긴장하며 메일을 확인한다. 얼마나 많은 양의 리스트가 있는지에 따라 그날 업무량이 결정되기 때문이다. 초반에는 공간을 채울 가구와 물품을 구입하느라 그 양이 적지 않았다. 6개 팀의 리스트를 주문하고 나면 하루가 다 가기 일쑤였다. 그러나 다행히도 시간이 흐를수록 구입 목록은 차츰 줄어갔다. 물론 초반에는 무선 인터넷 결제나 운반비와 같이 실제 이용자와 결제 주체가 상이하면서 이를 해결하기 위해 적잖이 손이 가는 번거로움을 겪어야 했다. 운영 중반 즈음에 이른 글을 쓰는 현재는 청년건축가도 운영기관도 익숙해져 그리 까다롭지 않게 주간집행을 할 수 있게 되었다.

또 한 가지 문제는 인건비성 세목들을 집행하는 것이었다. 청년건축가의 활동비뿐 아니라 공간에서 강의나 자문을 진행할 경우나 공간운영을 함께하는 사람의 단순활동비를 집행하려면 이에 대한 세금신고와 계좌이체를 해야 했다. 이는 주간집행의 세목, 예를 들면 사무용품비, 소모품비 등에 비하면 그 빈도가 낮을 것으로 보아 한 달에 한 번 집행하기로 하였다. 월간집행이다. 매월 20일 지급해야 하는 인건비성 세목에 대한 내용을 정리하여 운영기관에 전달하면, 세금 신고를 하고 난 후 매월 25일 일괄 지급하는 방식을 취했다. 청년건축가팀별로 차이가 있지만, 이는 빈도나 금액이 크지 않아 현재까지 원활하게 집행되고 있다.

이러한 주간집행과 월간집행을 구분하고, 운영기관이 청년건축가를 대신하여 주문, 결제, 신고하는 방식은 앞서 언급한 것처럼 활동지원금을 운영기관 법인을 통해 지급, 집행하면서 빚게 된 결과이다. SH공사가 청년건축가에 직접 지급하고 집행할 수 있는 체계를 갖추었으면 좀 더 자유롭게 적시에 집행이 가능했을 수도 있는데 이 부분은 아쉬움으로 남는다. 청년건축가 프로그램이 해를 거듭해갈수록 아쉬움이 조금씩 채워질 수 있기를 기대한다.

한 달에 한 번 방문하다, 현장점검

3단계 공간운영 지원에 참여하는 두 운영기관이 6개 청년건축가 팀을 세 팀씩 맡아 월 1회씩 공간을 방문하기로 하였다. 현장점검 또는 현장모니터링이다. 사실 점검이란 단어는 관리, 감독의 의미가 짙긴 하지만 본래 목적은 감독보다는 공간운영과 프로그램 진행시 어려움이나 도움이 필요한 부분은 없는지 살피기 위한 목적이었다. 블랭크는 삼차선과 시소, 포레스트를 맡았고 도시공감은 공채움, 하우스+엑스, 정릉기지를 맡았다. 2단계 과정에서 튜터링을 맡았던 팀을 그대로 이어서 현장점검을 하기로 했다. 그래야 2단계부터 공간 기획 의도와 생각의 변화 과정 등을 운영기관이 잘 이해하고 있는 상태에서 현장점검이 가능하기 때문이다. 다만 부득이 2단계에서 본래 도시공감이 담당했던 포레스트만 위치 등을 고려하여 3단계에서는 블랭크가 담당하였다.

현장점검은 공간 개방일이나 청년건축가가 공간에 머무는 날에 주로 이루어졌다. 운영기관이 청년건축가가 운영하는 공간을 방문하여 공간운영이나 프로그램 진행, 홍보 면에서 한 달간 어떻게 진행되어 왔고, 앞으로 어떤 계획으로 진행할지 이야기 나눴다. 초반에는 코로나19 사태가 심각해지면서 공간 개방과 프로그램 시작이 늦어지면서 어려움을 겪기도 했지만, 공간 운영을 시작한 이후에는 팀별로 속도의 차이는 조금 있지만 원만하게 운영하고 있었다. 표면적으로는 점검 차 방문했지만 때론 응원이 되기도 하고, 때론 현장에서 이야기를 전해 들으며 운영기관도 인사이트를 얻기도 했다.

종암동에 위치한 하우스+엑스의 소소한담이나 목동에서 공채움이 운영하는 이너가든의 경우에는 생각보다 자연스럽게 지역주민이나 단체와 협력하는 접점이 만들어지고 있었다. 시소의 경우 같은 건물 내 거주하는 주민이 공간운영과 관리에 적극적으로 관심을 보이며 초기부터 원만하게 공간관리가 가능하도록 체계를 갖출 수 있었다. 매월 이야기를 나누고 팀별 진행상황을 파악했다.

17

17. 팀 별 현장검점

18

18. 5월 월간반상회

　매번 방문할 때마다 느끼는 것이지만, 청년건축가들은 참 애쓰고 있었다. 사실 활동지원금을 집행하는 것부터 공간은 운영하는 일, 이웃이나 주민을 대상으로 프로그램을 기획하고 진행하는 일 대부분 처음일 텐데도 생각보다 능수능란하게 하고 있었다. 욕심이라면 정해진 기간 동안 정해진 기획안을 꼬박꼬박해야 하는 과제처럼 여기지 않고 정말 하고 싶은 일과 공간으로 여길 수 있는 시간적 여유가 조금 더 있었더라면, 또 지금처럼 코로나19로 공유공간을 운영하는 것이 어렵지 않았더라면 더 신나게 할 수 있지 않을까 하는 것이었다.

다 같이 한 달 공유하기, 월간반상회

월 1회씩 운영기관이 청년건축가를 방문하여 진행 상황을 공유하고 있었지만 이뿐 아니라 청년건축가 간 서로 다른 팀에선 어떻게 공간을 운영하고 프로그램을 진행하는지 공유할 필요가 있었다. 경쟁은 아니지만 다른 팀의 진행 과정을 보며 서로 인사이트를 얻을 수도 있고 경우에 따라서는 협력사업도 가능할 것으로 기대했다.

　그래서 3단계 운영지원 초기 단계부터 월간반상회를 기획하였다. 매월 정기적으로 한 차례씩 모든 청년건축가와 운영기관, SH공사가 모여 지난 한 달의 이야기를 공유하기로 한 것이다. 더불어 단순히 과정의 공유뿐 아니라, 청년건축가들이 공간 운영이나 프로그램 기획과정에서 필요한 교육을 지원하기 위해 월간 특강을 함께 진행하기로 하였다.

　특강은 단순 이론이나 개념적인 부분보다는 실제 현장감 있는 강의 중심으로 편성하기로 하였다. 예를 들면 공간 운영을 직접하고 있는 팀이나 창업과 관련하여 경험을 들려줄 수 있는 팀, 건축가로 공공공간 또는 주민이 활동하는 공간 설계 경험이 풍부한 팀 등을 섭외하여 살아있는 이야기를 들려주고자 하였다.

첫 월간반상회는 5월 30일 성북구 정릉동 정릉기지 공간에서 진행하였다. 집체워크숍과 중간공유회 등을 제외하면 연말까지 여섯 번의 반상회가 진행될 예정이다. 이에 한 달에 한 번씩 6팀의 공간을 한 번씩 돌며 반상회를 진행하기로 하였다. 2단계 공간기획 및 설계 과정에서 다른 팀의 현장과 계획을 사진과 도면으로만 봤기 때문에 실제 공간을 방문하는 것도 의미가 있겠다고 판단했다.

첫 반상회 장소로 정릉기지는 선택한 것은 단순하게 6개 팀의 공간 중 가장 넓기 때문이었다. 청년건축가와 운영기관, SH공사가 모이면 15명 내외가 되는데 이를 수용하기 적절한 공간에서 시작하기로 했다. 사실 하우스+엑스나 포레스트가 운영하는 공간은 정릉기지 공간에 비하면 매우 협소한 편이라 가장 후순위에 밀려있다.

토요일 오전에 시작한 반상회는 간단한 허기를 채울 샌드위치, 커피와 함께 시작했다. 우선 공간을 운영하고 있는 정릉기지의 김기준 청년건축가로부터 공간에 대한 소개와 지난 한 달의 이야기를 전해 들었다. 이후에는 사전에 공지를 통해 한 달간 팀별로 진행상 내용을 알 수 있는 사진을 준비하도록 했는데, 팀별로 사진을 보며 한 달간 각 공간에서 어떤 일들이 있었는지 어떤 준비를 했는지 공유했다. 5월은 공간 세팅과 홍보 준비로 대부분의 시간을 할애하고 본격적인 공간 개방과 프로그램을 운영한 팀은 없었지만 모두 사전 준비로 바쁜 한 달을 보냈다. 각 팀의 활동 공유를 마무리한 후에는 월간 특강을 진행하였는데, 이 반상회 포맷은 매월 동일하게 현재까지 지속되고 있다. 공간운영자의 소개와 한 달간 팀별 공간에서의 활동 공유 그리고 특강 순으로 말이다. 5월 월간 특강은 백지장 김차근 대표를 초대했다. 이제 막 본격적으로 공간운영을 시작할 즈음이라 민간영역에서 자신만의 콘텐츠로 공간을 운영하는 사례를 보는 것이 도움이 될 것 같다는 판단에서였다. 김차근 대표가 운영 노하우와 팁을 공유하며 놀랄만큼 많은 대화가 오갔다.

6월 반상회는 6월 26일 금요일 저녁 시간에 시소가 운영하는 오류장에서 진행하였다. 월간반상회 프로그램은 5월과 동일하게 진행하였는데 청년건축가 중 4팀은 학생이다 보니 학기말 마감 및 시험 등으로 이 중 2팀이 참여하지 못한 점이 다소 아쉬움으로 남는다. 청년건축가는 한 달간 공간 오픈식을 진행하거나 이웃에 소소하게 홍보한 팀도 있었고, 오픈은 잠시 미뤄둔 채 공간 정비에 조금 더 힘을 쏟거나 전시 준비를 하기도 하였다. 5월 특강이 공간운영 사례였다면 6월에는 건축사사무소 창업이나 운영에 관심이 많은 청년건축가를 위해 실제 건축사사무소를 운영하며 공공공간 설계 경험이 많은 아이엔 건축사사무소의 김현아 소장을 초대했다. 실제 건축사사무소를 운영하고 건축설계 업무를 하며 겪은 이야기, 그 뒤에 숨겨진 이야기까지 생생한 실무의 세계를 전달해주었다.

7월에는 목동에서 이너가든을 운영하는 공채움의 공간을 찾았다. 정릉기지에서 시소, 그리고 공채움으로 매월 반상회를 진행할수록 점점 공간은 좁아져 갔다. 다행히 코로나19가 하향 진정세를 보이면서 7월부터는 그동안 미뤄둔 프로그램이 하나씩 진행되고 있었다. 포레스트나 시소는 첫 강의를 시작했고, 하우스+엑스의 공유주방은 꾸준히 대관이 이루어졌다. 삼차선은 첫 전시를 오픈

하고, 아이들과 함께하는 워크숍을 준비하고 있었다. 정릉기지도 하루수업과 고려극장 준비를 마쳤다. 많은 사람들이 한꺼번에 모이는 것은 여전히 조심스러웠지만, 소소하게 소그룹으로 모여 안전수칙을 지키며 하나씩 진행해나가고 있었다. 7월 특강은 지역 기반의 커뮤니티 기획 사례를 보여주고 싶어 ㈜로모 로컬브랜드팀 최성우 팀장을 섭외했다. 성수동을 거쳐 당산동에서 지역 기반으로 활동했거나 하고 있는 프로젝트를 소개했다. 활동의 의미와 한계를 함께 허심탄회하게 나눌 수 있는 자리였다. 청년건축가들도 부담스럽지 않게 옆 동네의 또 다른 기획자이자 청년건축가와 함께 대화하는 듯한 분위기였다고 자평하고 싶다.

공간의 이야기와 함께 청년건축가의 이야기 남기기

글을 쓰는 현재까지 총 세 차례의 반상회를 거쳤다. 절반이 지난 셈이다. 앞으로 세 번의 반상회와 중간공유회를 거치면, 공간운영도 마무리에 다다른다. 지난해 2단계에서부터 올해까지 사용하지 않던 반지하 공간에 빛이 들고 사람의 손길이 닿으면서 각 공간마다 서로 다른 형태의 온기로 채워지고 있다. 시간이 지날수록 공간의 이야기가 조금씩 쌓여갈 것이다.

그리고 바람이 있다면 공간의 이야기뿐 아니라 청년건축가만의 이야기도 충분히 쌓아가길 바란다. 공간은 그것을 만들고 운영하는 사람의 태도를 반영한다고 생각한다. 비슷한 디자인처럼 보여도 공간에 가면 그것을 느낄 수 있다. 청년건축가가 1단계부터 3단계까지 짧지 않은 시간 동안 고민하고 애쓰며 가꾼 공간에 그들의 이야기가 쌓이길 바라고, 그것이 청년건축가가 향후 사회에서 본격적으로 제 역할을 할 때 밑거름이 되길 바라본다.

도시공감 협동조합 건축사사무소

도시공감

—

도시와 건축에 비전을 가진 전문가들이 모여 2014년 설립했다. 현재 지역 재생, 건축 설계, 참여디자인 등 다양한 분야에서 활동 중이다. 2016년에 서울 용산구 후암동으로 터전을 옮겨 마을 아카이빙 활동인 '후암가록'과 '집 밖으로 나온 우리 동네 공유공간'을 아우르는 '프로젝트 후암'을 진행하고 있다. 특히, 집 밖으로 나온 우리 동네 공유공간을 기획하며 2017년 공유주방인 후암주방을 시작으로 후암서재, 후암거실, 후암별채는 최근까지 연이어 기획, 조성, 운영하고 있다. 지역기반의 기획 및 공간운영의 경험을 바탕으로 1기 청년건축가와 함께 하게 되었다.

건축가 이준형은 프로젝트 후암을 총괄하며 직접 공간 운영 및 관리도 함께하는 '청소하는 건축가'이다. 한편으론 전문가로서 지역기반의 공간조성 기획, 설계 등 분야에서 활동하고 있다.

MAJOR PORTFOLIO

소규모 지역재생
- 종로구 장애물없는 마을만들기('18)
- 후암동 골목길재생사업('18)
- 성곽마을 가치공유 및 공동체활성화('18~)

건축 및 공간설계
- 삼척 마을향기원 휴게공간('19)
- 우리동네키움센터 한남('19)
- 강북 번3동마을활력소('18)
- 지촌리단독주택('16)

프로젝트 후암/공유공간 기획 및 운영
- 후암별채('20~)
- 후암거실('19~)
- 후암주방('17~)
- 후암서재('17~)

프로젝트 후암/마을아카이빙 및 전시
- 후암가록('16~)

블랭크

—

'블랭크'는 8년 차 건축사사무소이다. 하지만 함께 일하는 10명의 동료 중 건축을 전공한 사람은 절반뿐이다. 사회학과, 경영학과, 무역학과, 그리고 최근에는 호텔조리학과까지 다양한 배경을 가진 사람들이 함께 만들어가고 있다. 우리는 '건축'이라는 틀에 우리의 역할을 한정하지 않는다. 공간이 만들어지는 과정, 사람들의 참여, 운영되는 방식, 지역사회에 미치는 영향력 등에 관심을 두고 건축가의 지역적, 사회적 역할을 고민하고 있다. 블랭크에서는 그동안 공간 운영, 지역 연구, 아카이브, 참여 디자인 워크숍 등 다양한 분야의 프로젝트를 수행하며 우리 일상에서 만날 수 있는 작은 것에 귀 기울이고, 동네 단위에서 삶의 질을 높일 방법을 실천해왔다. '우리가 살고 싶은 동네를 만듭니다'라는 목표처럼 우리는 스스로 변화의 주체가 되어 우리의 삶의 방식을 전환하고 있다.

MAJOR PORTFOLIO

SPACE
—
공유공간 설계/변화를 위한 공간을 만듭니다.

- 커먼즈필드 춘천 인테리어('19)
- 무중력지대 영등포('19)
- 서울하우징랩('18)
- 동네정미소 성산('17)
- 대륙서점('15)

COMMUNIT
—
커뮤니티 기획/참여를 위한 과정을 디자인합니다.

- 괜찮아마을 3기 작은 성공 프로젝트('19)
- 도봉구 마을활력소 공감워크숍('18)
- 움직이는 창의클래스('17)
- 상도동 그 OO('16)

LOCAL
—
동네공간 운영/더 나은 일상을 위한 동네공간을 운영합니다.

- 유휴하우스 남해('20~)
- 커뮤니티다이빙바 공집합 후암('19~)
- 커뮤니티바 공집합 상도('18~)
- 공유주택 청춘파크('18~)
- 공유작업실 청춘캠프/공유주방 청춘플랫폼('19 운영종료)

PLATFORM
—
플랫폼 운영/새로운 삶을 꿈꾸는 사람과 지역을 연결합니다.

- 빈집 큐레이션 플랫폼 유휴('20~)

BLANK

SH청년건축가
토크콘서트

청년건축가, 우리들의 이야기

일　시　2020. 10. 8.(목) PM 4시
장　소　서울주택도시공사 본사 16층 하늘정원
사회자　박주로 대표(로모)
참석자　김세용 사장(SH공사), 김혜정 실장(공간복지전략실)
　　　　1기 SH청년건축가와 친구들
　　　　(김기준, 김은석, 김민종, 서경택, 양지원, 정승준, 현선용, 김예은)
　　　　1기튜터 : 이준형 대표(도시공감협동조합건축사사무소)
　　　　　　　　김지은 대표, 김세중 매니저(블랭크건축사사무소)
　　　　시공담당 : 한승주 소장(㈜두성시스템)
　　　　2기 SH청년건축가와 튜터

M 사회 : 박주로 대표 G 토론자

M 안녕하세요. 저는 오늘 사회를 맡은 사회적 기업 '로모'의 박주로 입니다. 저희는 2기 청년건축가를 진행하게 되어 그동안의 과정을 배우고 싶은 마음에 이 자리에 왔습니다. 더불어 SH 공간복지전략실과 블랭크, 도시공감에서 정말 고생하셨던 시간을 응원하고 싶은 마음입니다.

오늘 이 시간이 지난 1여 년 동안 프로젝트를 진행하면서 기대했던 시간이었을 텐데요. 바쁘신 와중에 참석해 주셔서 감사하다

는 말씀을 SH를 대신해 전하도록 하겠습니다. 코로나19로 인해 아쉽게도 조촐한 규모의 자리가 되었지만 모두 기쁜 마음으로 시간을 같이할 수 있었으면 좋겠습니다.

오늘은 1기 청년건축가뿐만 아니라, 2기 청년건축가분들도 자리에 와 주셨습니다. 함께 모여 1기 청년건축가분들의 프로젝트 내용도 듣고, 2기의 출발도 응원하는 뜻깊은 자리가 아닌가 싶습니다. 먼저 SH공사 김세용 사장님의 말씀 들어보도록 하겠습니다.

C 청년건축가 프로젝트는 2019년부터 시작되었습니다. SH는 청신호 주택 런칭 등 청년의 주거 문제에 계속 관심을 가져왔는데요. 특별히 이 프로젝트를 통해 재능 있는 청년들이 사회봉사도 하고 자기 작품도 만들며 직접 꿈을 펼치기를 바랐고, 이를 위해 우리 공간복지전략실에서 꾸준히 일하고 있습니다.

청년건축가들이 했던 작업들을 돌아보니 녹록지 않았던 것 같습니다. 최근 반지하 개조 사업을 포함해 스튜디오와 함께 많은 일을 해주셨는데, 이런 좋은 작업 결과물에 대해 감사드립니다. 이 프로젝트로 청년들의 무한한 가능성과 잠재적 가치를 다시 한번 확인하고 있습니다. '우리 사회가 왜 그동안 청년건축가들의 재능을 발견하지 못했을까'라는 생각도 하게 되었습니다.

이제는 다른 곳에서도 우리 청년건축가 프로젝트에 동참하고 싶어 한다는 소식도 들었습니다. 이처럼 이 프로젝트는 청년들의

숨겨진 역량을 발굴하고 응원함으로 사회 전반에 긍정적인 영향력을 미치는 훌륭한 움직임이라고 생각합니다.

오늘, 그동안 작업한 내용을 함께 공유하는 자리로 모였습니다. 거침없는 토론과 논의, 1기가 2기에 바라는 점 혹은 당부하고 싶은 점을 전하는 생산적인 시간이 되기를 바랍니다. 고맙습니다.

M 이어서 1기 청년건축가분들의 팀별 진행 내용을 공유하는 시간을

1

1. 서울주택도시공사 김세용 사장

갖도록 하겠습니다. 많은 우여곡절이 있었다고 들었는데, 그만큼 과정에서 많은 보람이 있었을 것이라 예상됩니다. 먼저 포레스트 팀입니다.

C 안녕하세요. 포레스트 김은석입니다. 만나서 반갑습니다. 4월에 운영을 시작해 지금까지 6개월이 흘렀습니다. 그동안 프로젝트를 진행하며 많은 아쉬움도 있었지만, 이를 뒤로 하고 오늘은 조촐한 성과에 대해 말씀을 드리고자 합니다.

공간이라고 간단히 정의할 수 있습니다. 개봉동은 현재 노인과 아이가 굉장히 많아, 지역의 복지공간 대부분이 그들을 대상으로 운영되고 있습니다. 그래서 저는 상대적으로 부족한 주부를 위한 공간에 초점을 맞춰 준비를 시작했습니다. 또한 공간과 더불어 주부를 위한 육아 프로그램을 제공하고 있습니다. 지역 주부들이 함께 모여 육아의 고충을 나누며 공감대를 형성하는 커뮤니티를 만들고 이를 활성화하고자 하는 계획을 세우고 운영 중입니다.

아지트 공간과 중간의 주방 공간, 관리자 공간까지 모두 세 개의 공간으로 되어있습니다. 전과 후의 모습을 보시면, 이전에는 타일도 다 깨져있고 곰팡이도 슬어서 사용하지 못하는 상태였습니다. 지금은 새로 강판도 깔고 조명도 설치하여 쾌적하고 아늑한 공간으로 만들었습니다. 현재 총 3팀이 작은 숲 아지트를 고정적으로 대관하고 있습니다. 2팀은 공예팀이고 1팀은 동네의 반장님, 통장님이신데 정기적인 회의공간으로 활용하고 있습니다.

포레스트는 사실 팀원이 저 혼자입니다. 그래서 처음부터 끝까지 혼자 진행을 했습니다. 최근에 공간 운영이 안정되어 대관도 늘어나고, 프로그램이 좀 더 다양하게 추가되다 보니 일손이 부족해 현재는 팀원을 한 명 더 영입했습니다.

'작은 숲 아지트'는 개봉동 주부를 위한 복지

2

2. 김은석(포레스트 팀)

프로그램 운영은 6월 오픈식으로 시작했습니다. 당시 15명 참석해 함께 오픈을 축하했습니다. 7월에 첫 프로그램인 '맘앤키즈 테라피'를 시작했습니다. 사실 이 강연을 준비하면서 많은 어려움이 있었습니다. 먼저, 코로나19 입니다. 개봉동에 거주하는 주부들은 물론 어린이집 원장님들도 대면접촉을 꺼리셨기 때문에 홍보와 준비가 힘들었습니다. 그 와중에 첫 강연날 비가 내렸습니다. 다행히 궂은 날씨에도 불구하고 다섯 분이 참여해주셔서 차질없이 개강했습니다.

8월에는 사회적 거리두기 2.5단계가 되면서 모든 어린이집이 폐쇄되었고 결국 준비된 대면 행사를 취소했습니다. 어떻게 하면 강연을 진행할 수 있을지 고민에 빠졌고, 'ZOOM을 이용해 비대면으로 진행하자'는 의견이 나와 새롭게 준비했습니다. 아지트 공간에 카메라와 노트북을 설치해 강의를 촬영하고 방송했습니다. 놀랍게도 첫날 다른 지역의 주민들까지 총 52명이 참석했습니다. 별거 아닌 숫자일 수 있지만, 공간의 제약으로 3~5명 소규모로 운영되던 아지트 공간이 비대면 강의를 통해 거리와 장소를 초월해 영향을 미칠 수 있다는 것에 큰 의미가 있었습니다.

비대면 강의 종료 후에도 많은 호응이 있었습니다. 다음 강의는 언제 개최되는지, 다른

3

3. 발표자료(포레스트 팀)

지역의 친구들과 함께 참여해도 되는지 여러 긍정적인 내용의 문의를 받았습니다. 다음에는 '맘앤키즈 테라피' 3강이 예정되어 있는데, 코로나19로 인해 육아에 지친 주부님들의 생활에 큰 활력소가 될 수 있는 내용으로 준비하려 합니다.

홍보는 SNS와 직접 대면 위주로 진행했습니다. 운영은 대부분 카카오톡 채널로 하고 있는데요. 문의가 오면 카카오톡 채널로 연결해서 대관을 진행하는 방식입니다. 더불어 인스타와 홈페이지까지 계속해서 공간 소식을 올리고 있습니다. 이를 보고 'MBC 어쩌다 하루' 팀에서 나와 인터뷰를 진행했습니다.

방문자분들께서 다양한 공간 후기를 남겨주셨습니다. 건물 밖에서 봤을 때는 상당히 노후한 외관과 달리 문을 열면 깨끗하고 아늑한 실내공간이 나와 놀랍다는 의견이 많았습니다. 대상지의 접근성이 떨어져 쉽게 찾아오거나 유모차를 끌고 오기 힘든 점, 협소한 공간 규모에 대해서는 아쉽다는 목소리도 있었습니다.

앞서 소개해드린 대로 프로그램에 대한 반응은 뜨겁습니다. 준비된 강연 내용이 코로나19로 인해 육아시간이 늘어난 주부들이 아이들과 어떻게 효율적으로 시간을 보낼 수 있는지에 대한 유용한 정보로 이루어진 점이 좋아해 주시는 이유라고 생각합니다. '작은 숲 아지트'의 운영은 여러모로 어렵기도 하고 계획보다 진행이 늦어지기도 했습니다. 하지만 마지막으로 말씀드리고 싶은 것은 아지트는 계속해서 변화하며 진화하고 있다는 사실입니다. 그리고 지금도 지역과 주민들에게 천천히 스며들고 있습니다. 저는 이렇게 공간과 지역이 가까워지는 모습을 옆에서 함께 지켜보게 되어 작업을 진행하는 동안 아주 의미 깊고 즐거운 시간을 보냈습니다. 여기서 발표를 마칩니다.

M 감사합니다. 다음은 삼차선 팀입니다.

C 안녕하세요. 저는 삼차선 팀의 서경택입니다. 저희 팀은 신월동의 반지하 예술공간 '십삼월'이라는 공간을 오픈했습니다. '십삼월'이라는 이름은 '반지하에 새로운 달이 떠올랐다'라는 의미와 '신월동'이라는 동네의 이름에서 유래했습니다. 이러한 뜻을 공간 컨셉에 담아 프로그램과 장소를 기획했습니다. 저희는 공간을 청년 작가

4

4. 서경택(삼차선 팀)

(예술가)에게 대관하여 전시 위주의 문화공간으로 활용되도록 했습니다. 더불어 청년작가가 주민들이나 아동들을 대상으로 워크숍을 진행하며 전시 위주의 문화공유공간으로 운영 중입니다.

평범한 주택가의 공간을 사람들이 많이 이용하게 될 예술공간으로 바꾸는 작업이었기에, 먼저 편안함을 주고자 했습니다. 공간에 방문한 사람이 남의 집에 가는 낯선 느낌이 아닌 자기 집 같은 친숙한 공간에 들어가는 느낌을 받기 원했고, 공간을 설계하는 단계부터 이런 느낌을 줄 수 있는 재료와 디테일을 적용하려고 했습니다. 작가 작업실의 경우, 바닥과 벽의 마감재를 통일해 작업 시 시각적 편견을 주지 않는 편안한 공간이 되도록 고려했습니다.

첫 번째 전시를 오픈하면서 공간 브로슈어와 전시 포스터를 제작해 배포했습니다. 전시를 진행하며 작가가 현장에 입주해 작업하고, 프로그램을 진행하면서 몸소 느꼈던 내용을 인터뷰 영상으로 만들기도 했습니다.

코로나19로 인해 광복절 이후부터 대면 워크숍은 중단된 상태지만, 비대면으로 진행 가능한 워크숍을 준비하고 있습니다. 참여 신청자에게는 재료 키트를 보내 각자 집에서 참여할 수 있도록 할 계획입니다. 비대면 워크숍 내용은 작가의 마지막 전시 주제와 연계되어 있습니다. 참여하는 아동들이 작업한 작품을 전시장으로 보내주면 그 작품으로 전시도 하고, 받은 작품을 티셔츠 등의 굿즈로 제작해 다시 보내주는 등, 비대면 상황에서도 양방향으로 소통할 방법을 기획하

5

5. 발표자료(삼차선 팀)

고 있습니다.

현재 공간은 작가들이 주기적으로 사용하면서 작업을 진행하고 있습니다. 코로나19로 인해 양천구 문화사업팀과 협업하여 개최 예정이었던 행사는 취소되기도 했습니다만 지역 커뮤니티 운영진이나 도시재생지원사업팀 등과 함께 협업도 고려하고 있습니다. 주변 지역에서 청년건축가와 협업하고 싶다는 문의를 많이 받고 있기 때문에 앞으로도 많은 기회를 만들어나갈 계획입니다.

홍보는 주로 인스타그램으로 진행 중입니다.(팔로워 700명) 전시와 워크숍에 참여했던 아동과 학부모님들과도 주기적으로 소통하고 있습니다. 앞으로 코로나19가 진정되면 계획대로 작가 전시와 대면 워크숍을 진행할 예정입니다.

M 감사합니다. 삼차선 팀 발표를 들어보니 코로나19가 활동에 많은 어려움을 끼쳤던 것 같습니다. 그런 와중에도 큰 노력을 해주신 데에 감사드립니다. 다음으로는 하우스+엑스팀의 순서입니다.

C 안녕하십니까. 하우스+엑스팀의 김민종입니다. 저희 팀은 세 명의 건축학과 학생들로 구성되어 있으며, 종암동에

공유주방 '소소한담'을 운영하고 있습니다. 사실 '하우스+엑스'는 초기 팀명입니다. 노후한 건축물에 무엇인가를 더해 더 좋은 것을 만들자는 의미였습니다. 운영 실행단계에 와서는 종암동에 거주 중인 어르신들에게 소개하기 편한 이름이자, 공간을 활용해 지역 전체에 긍정적인 영향을 미쳐보자는 의미를 담은 '아일(衙逸) 스튜디오'로 변경했습니다.

'소소한담'은 성북구 종암동에 있는 아주 작은 골목길의 반지하 공간입니다. 주민들을 위한 공유주방, 커뮤니티 다이닝, 청년건축가의 작업공간 이렇게 세 가지 공간으로 구성되어 있습니다.

주민들을 위해 개방하는 공간인데 굳이 왜 청년건축가의 작업공간을 설치하는지에 대한 질문을 많이 받았는데요. 저희가 중점적으로 염두에 뒀던 것은 청년건축가의 역할입니다. 단순히 건축을 공부한 학생으로 공간 디자인에 참여하는 것을 넘어 우리 공간에 지역 커뮤니티를 형성하는 과정에 적극적으로 참여할 수 있어야 한다고 생각했습니다. 그래서 현재 진행하고 있는 아카이빙 활동을 통해 지역주민들을 많이 만나고 있

네 번째는 청년건축가의 작업공간으로의 사용(상시)입니다. 이에 더해 반지하 내부로 들어오는 어두운 길에 조명 역할을 해줄 수 있는 간판 제작 활동도 진행했습니다.

저희 활동에서 가장 큰 비중을 차지하는 것은 지역주민단체 모임인 '종종걸음'입니다. 모임의 구성원은 종암동 주민들과 성북문화재단 직원들입니다. '종종걸음'은 종암동에서 활동하면서 마을 활성화와 다양한 이벤트 기획, 홍보 활동을 하고 있습니다. 지난 6월부터 저희와 함께 아카이빙 작업을 하는 등 다양한 활동을 진행 중입니다. 7월 광주 MBC 다큐멘터리 촬영에 공간 사용자 역할로 참여해주시기도 했습니다. 연말에 책자를 발간할 예정이며 지금 제가 착용하고 있는 마스크 스트랩도 모임의 결과물입니다.

지난 5월 20일 오픈 행사 때는 주민분들을 초대해 음식을 대접하려 했으나 코로나19로 인해 취소되었습니다. 함께 모이기는 어려웠지만, 개업 떡을 나눠드리며 지역주민들과 소통하려고 노력했습니다. 이후에는 공간 소개 팸플릿을 제작하고 배포해 홍보하고 있습니다.

공간의 정확한 이용자 수는 알기 어려우나

습니다. 저희 공간은 공유주방의 형태로 주민들의 생활에 도움을 주는 것은 물론 평상시에는 누구에게나 개방된 공간복지의 장소로 열려있습니다.

'소소한담'에서 현재 이루어지는 활동은 크게 네 가지입니다. 첫 번째는 지역주민을 위한 공유주방 및 다이닝 공간으로 개방(일주일에 4회), 두 번째는 베이킹 원데이 클래스(주말마다 진행), 세 번째는 지역주민단체 모임 '종종걸음'(매주 목요일 진행) 마지막

6

6. 김민종(하우스+엑스 팀)

현재까지 총 57회의 대관 예약이 진행되었고, 1회 대관 이용자를 2~4명으로 계산해 약 120명 이상의 누적 방문자가 있었다고 할 수 있습니다. 아무래도 주된 홍보가 SNS로 이루어지고 있기에 주로 정보 접근성이 높은 20~30대의 소모임이 가장 많이 진행되고 있습니다. 앞서 소개한 종종걸음과 종암동 지역 신문모임에서도 주기적으로 찾아주고 계십니다.

저희는 공간에 오시는 분들을 위한 작은 이벤트로 폴라로이드 사진 2장을 촬영해 1장은 선물로 드리고 1장은 이용 후기를 작성 받아 공간 내 비치된 사진첩에 보관하고 있습니다. 한번은 요리 유튜브를 만드는 분이 방문해, 저희 공유주방에서 촬영하기도 했습니다.

'소소한담'이 있는 종암동은 굉장히 오래된 동네입니다. 그래서 새롭게 재조명될 수 있는 동네의 가치나 이야기들을 담아서 책자로 작업하고 있는데요. 11월 중으로 작업을 완료해서 활동이 끝나는 12월 이전에 책자를 발간하는 것을 목표로 하고 있습니다. 저희와 협업하는 종종걸음과 성북문화재단에서는 책자가 발간되면 여러 공공기관에 배포해서 지역주민들에게 전달될 수 있도록

도와주기로 하셨습니다. 책자는 세 개의 챕터로 이루어져 있으며, 첫 번째 챕터에서는 종암동의 지난 50년간의 모습과 문화를 담아내는 작업을 하고 있고, 마지막 챕터에서는 초기 기획 당시부터 계획했던 공공 디자인인 종암동의 작은 쉼터를 만들기 위한 내용을 담고 있습니다.

이런 다양한 활동에서 발생하는 결과물을 종암동에 있는 '서울예술치유허브'와 '문화공간 264'에 전시할 계획을 가지고 열심히 운영 중입니다. 저희 팀이 이루고자 하는 궁극적인 목표는 종암동의 잊혀가는 가치를 사람들에게 알리는 것입니다. 또한 이러한 경험을 바탕으로 진정한 동네 건축가로 성장하고자 합니다.

M 감사합니다. 다음은 정릉기지 팀의 발표를 듣도록 하겠습니다.

C 안녕하세요. 정릉기지의 김기준입니다. 반갑습니다. 정릉기지는 공유작업공간을 기반으로 프로그램을 운영하고 있습니다. 처음 공모전 참가자는 1명이었고, 현재는 같이 공간을 운영할 수 있는 인원 3명이 더 참가하여 총 4명이 함께 운영 중입니다.

공간 위치는 성북구 정릉3동 고려주택 다동 반지하입니다. 근처에 내부순환도로와 버스 종점들이 있어서 번잡한 편이나, 주변 환경에 비하면 한적한 공간에 있습니다. 다른 팀의 공간보다는 규모가 약간 큰 편이며, 거실 공간과 부엌 공간을 중심으로 3개의 방이 있습니다. 부엌 공간을 입식 공간으로, 거실 공간을 좌식공간으로 설계하고 프로그램이나 필요에 따라서 유동적으로 활용할 수 있도록 계획하였습니다. 반지하의 어두침침한 분위기를 탈피하고자, 밝은 아이보리 톤의 합판과 원목 가구를 설치했습니다.

5월에는 환경 정리를 하며 필요한 가구 및 집기 등을 준비했고, SH공사에서 진행하는 '월간 반상회'의 첫 개최장소로 활용되기도 했습니다. 6월에는 고려주택 주민들을 초대해 공간을 소개하는 '오픈 하우스'를 개최해 떡과 엽서를 나눠드리기도 했습니다. 또한, 공간과 프로그램의 홍보를 위해 SNS를 개설하는 등 준비를 진행했습니다.

7월부터 본격적인 프로그램을 운영했는데, 공간을 운영하는 고정 멤버들의 재능을 활용해 '하루수업'이라는 원데이 클래스를 개설했고, '고려극장'이라는 영화상영회를 개최하기도 했습니다. '하루수업'은 실크스크린

SH 중간공유회 정릉기지 활동 성과 보고

8

9

8. 발표자료(정릉기지 팀)

9. 김기준(정릉기지 팀)

을 통해서 에코백과 담요 등의 도안을 제작하는 체험 프로그램입니다. '고려극장' 개최시 근처에 위치한 '정릉맥주도가'라는 수제맥주 양조장에서 무료로 맥주를 지원해주는 등 지역주민의 많은 도움을 받았습니다.

8월에도 '하루수업'과 '고려극장'이 동일하게 진행되었습니다. 외딴곳에 위치한 정릉기지의 접근성에 대해 고민하던 중 입간판이 필요하다고 생각되어 제작하기도 했습니다. 저희 고정멤버들뿐만 아니라 다양한 청년들이 저희 공유작업공간을 드나들면서 개인작업을 하며 소통하고 있습니다.

9월에도 역시 '하루수업'과 '고려극장'은 동일하게 진행되었습니다. 그리고 동을 표기하는 현판이 없어 불편함을 느끼는 고려주택 거주 주민들을 위해 직접 현판 디자인 및 제작을 했습니다. 무중력지대 성북의 '서클-지역거점 커뮤니티 프로젝트'라는 프로그램 참여 협력 제안을 받아 공간을 대관하기도 했습니다. 또한, '정릉맥주도가'에서 리모델링 관련 문의를 받아 미팅을 진행했습니다. 10월에는 공간을 이용하는 작가의 전시 의뢰를 받아 기획 중입니다.

'하루수업'은 인스타그램을 통해 많은 문의와 관심을 받고 있는데요. 생각보다 인기가 많은 편입니다. 그래서 공식적인 프로그램 이외에 비공식적인 일정도 계속해서 진행하고 있습니다. 현재 남은 활동으로는 '지역 커뮤니티와의 연계'가 있습니다. 코로나19 상황 때문에 조금 지연된 상황이긴 하지만, 추후 상황을 봐서 남은 10월, 11월에 진행하려고 합니다.

근처에 '배밭골'이라는 국민대 학생들과 주민들이 주로 이용하는 상권이 있는데요. 코로나19로 어려움을 겪고 있습니다. '어떻게 하면 도움을 줄 수 있을까?' 고민한 결과, 아카이빙을 통해 상권의 기록물을 콘텐츠화하고 홍보물로 제작해 관계 형성을 시도하고 있습니다.

기존의 '하루수업'은 작가가 클래스에 사용할 도안을 개인적으로 준비해왔습니다. 이제는 수업 전에 간단히 동네 산책을 하면서 사진을 촬영해 기록하고, 사진에서 도안을 추출해 그려드리는 방식으로 수업을 진행하고자 합니다. 조금 더 지역과 동네에 대한 애정과 관심을 유도할 수 있도록 계획하고 있습니다. 그리고 아카이빙 기록은 결과물을 사진으로 촬영해 12월에 전시할 예정입니다. 이제 10월 정도 되니까 저희와 지역, 주민 단체들과의 협력점이 생기고 있습니다. 만약 내년에 계속 운영을 하게 된다면 조금 더 다양한 활동을 기대해 볼 수 있을 것 같습니다.

다양한 후기들을 보여드리면서, 정릉기지 발표를 마칩니다. 감사합니다.

M 다음은 공채움팀의 발표를 듣도록 하겠습니다.

C 안녕하세요. 공채움의 현선용입니다. 반갑습니다. 저희는 같은 학교, 같은 연구실에서 시작된 팀입니다. 함께한 팀원들에게 도시재생에 있어서 가장 중요한 점은 '공간에서 어떤 것을 체험함으로써 채워진다'는 것이었습니다. 이러한 의미를 담아 '공채움'이라는 팀 이름을 만들게 되었습니다.

'이너가든'은 9호선 염창역에서 도보 1분 거리로 접근이 편리한 곳에 있습니다. 실내의 작은 정원 만들기를 목표로 식물이 자랄 수 있는 환경 조성을 우선 고려해 공간을 계획했습니다. 첫 번째는 주민들이 실내에서 직접 가드닝을 할 수 있는 '메인 가드닝 공간'입니다. 두 번째로는, 선인장이 가득한 '서브 가드닝 공간'인데 이곳은 원래 주민들을 위한 개방공간으로 사용하려다가 가시에 찔릴 수 있는 위험성이 있어서, 청년건축가 오피스 공간으로 활용하고 있습니다. 세 번째는 '강의실'인데요. 이 공간은 앞으로 개최될 가드닝 원데이 클래스 장소로 활용할 예정입

10

11

10. 현선용(공채움 팀)

11. 발표자료(공채움 팀)

니다. 그리고 마지막 '작업공간'은 직접 제작한 제품을 진열하기도 하고, 새로운 재료들을 먼저 테스팅하는 공간입니다. 저희 공간 밖에는 작은 정원이 있습니다. 기존에는 '방아'라는 잡초가 너무 무성하게 자라 있어 제거하고 현재는 꽃을 키우고 있습니다.

'이너가든'에서 진행하는 프로그램은 크게 두 가지입니다. 첫 번째로는 '식물 대량살포 프로젝트'로 주민들에게 다육 식물을 배포하는 것입니다. 두 번째는 주민 커뮤니티를 활성화하는 공간 대관 프로젝트입니다. 저희는 처음 계획 단계에서부터 동네 주민들이 '이너가든'에서 작은 정원을 가지고 경험하는 것을 시작으로 점차 마을 전체가 정원으로 채워지는 것을 목표로 했습니다.

지난 5월부터 현재까지의 누적 방문객 수는 300여 명이며, 그중 20%의 주민들은 꾸준히 방문해 이용 중입니다. 보통 2~3명씩 그룹을 지어 방문하며, 하루 평균 20여 명이 방문하고 있습니다. 초기 주 타겟층은 청년층이었으나 실제 이용자분들은 주부들이 많은 편입니다.

'이너가든'은 방문자들이 언제든지 올 수 있게 공간을 종일 오픈하고 있으며 한 달에 17일 정도 계속해서 프로그램을 진행하고 있습니다. 현재까지 누적 총 500개 정도의 다육 식물이 주민들에게 배포되었습니다. 처음에는 주민분들이 오셔서 5~6개씩 가져가시는 바람에 당황스러웠는데 이제는 조율해서 1~2개 정도로 제한을 하고 있습니다.

7곳의 지역 단체와 연계해 협업을 진행 중인데요. 현재는 양천구 생활예술센터에 주 2회 공간 대관을 진행하고 있습니다. 홍보를 위해 인스타그램에 21개의 포스팅을 올렸으며 178명의 팔로워가 있습니다. 하지만 실제 이용층이 청년들보다는 주부들이 많아 현재 인스타그램은 공간 아카이빙 수단으로 사용되고 있습니다. 네이버 밴드로 소통 창구를 전환할 계획입니다.

저희는 식물 키우기도 직접 합니다. 시기에 맞춰 컷팅과 분갈이도 하고 있습니다. 식물을 더욱 잘 기르기 위해 가시광선 조명을 추가로 구입해 야간에도 식물들이 잘 자라날 수 있는 환경을 만들기도 했습니다.

코로나19 영향으로 공간 내 많은 이용자를 수용하지 못하는 점 때문에 프로그램에 대한 재논의를 진행하고 있습니다. 기존에 계획한 가드닝 클래스는 5~6명의 인원이 모여 진행하는 것이었지만 현재 상황에 맞춰 동영상, 온라인 등의 비대면 운영 방법을 고민하는 중입니다.

코로나19 블루를 예방하기 위해서 마당의 잡초를 모아 꽃다발을 만드는 가드닝 클래스 등의 이벤트도 계획 중입니다. 생각하고 있는 '게릴라 가드닝' 클래스는 작은 마당을 하루 안에 만들어서 계속 유지하도록 하는 내용입니다. 겨울에는 동네 주민들과 모여 크리스마스트리를 만드는 것도 목표 중 하나인데, 함께 트리를 꾸미며 소통하는 유익한 기회가 되기를 기대하고 있습니다.

M 감사합니다. 마지막으로 시소팀입니다.

C 안녕하세요. 시소의 김요셉입니다. 시소는 건축사사무소에 재직 중인 두 명의 청년건축가로 구성된 팀입니다. 창업을 준비하는 과정에서 청년건축가를 통해 먼저 간접적인 경험을 해볼 수 있어 매우 소중한 시간이었습니다.

저희 공간인 '오류장'은 반지하를 활용한 생활 SOC 공간입니다. 저희의 '작업공간', 워크숍 공간인 '시소랩(lab)', 평소에는 공용 거실로 활용되지만, 건축 강의가 있을 때 강의

12

12. 발표자료(시소 팀)

공간으로 사용되는 '공유거실', 오류장에서의 다양한 활동을 아카이빙 전시하는 '아카이브실'로 구성되어 있습니다.

공간은 평일 월, 수 금 13시부터 17시까지 개방해 주민들이 담소를 나누거나 휴식할 수 있는 공유 거실의 역할을 합니다. 오픈 하우스를 통해 주민들과 첫 소통을 시작했고, 간단한 다과와 함께 앞으로의 공간 운영과 프로그램에 대해 홍보했습니다. 평일의 공유 거실은 주로 건물 주민들의 반상회 공간이나 지역주민들의 휴게공간으로 활용되고 있는데요. 건물 주민들의 자치적인 관리를 통해 운영되고 있습니다.

기존에는 월 1회 건축학교 강의를 통해 주민들과 소통하고자 했으나, 코로나19로 인해 연간 총 4회의 강의 진행을 목표로 진행 중입니다. 강의의 주 내용은 지역을 기반으로 활동하는 작가를 초빙해 어떤 식으로 주민들과 상생하고 있는지에 관한 이야기를 들려주는 간단한 워크숍으로 구성했습니다.

7월에 있었던 건축학교 1강은 동인천을 거점으로 활동하고 계신 건축재생공방의 이의중 소장님께서 맡아 주셨습니다. 지역에서 활동하며 생긴 다양한 에피소드들이나 주민들과 동네에 관해 이야기를 나누는 시간이었습니다. 8월에는 건축학교 2강으로 오석환 사진작가를 초대하여 카메라를 통해 동네를 기록하고 전시하는 과정에 대해 이야기 나누고, 스마트폰을 활용한 사진촬영법에 대한 워크숍을 진행했습니다.

공간의 누적 방문자는 77명으로 코로나19로 인해 9월 동안 공간을 폐쇄했던 점을 고려했을 때, 일평균 2명 정도의 방문자가 다녀간 것으로 집계되었습니다. 단골 방문객은 6명으로 건물 주민들과 주민들의 지인들이 방문하고 있습니다. 프로그램은 총 3회 운영되었고 평균 13명이 방문했습니다. '청년이룸'과 '오류동 제일교회'라는 대외적인 네트워크를 통해 건축학교 강의 홍보를 진행했고, 인스타그램과 카카오 채널로 온라인 홍보를 진행하였습니다.

저희는 내년에 건축사사무소 개소를 목표로 하고 있는데요. 개소 후에는 건축, 인테리어, 브랜딩 등 다양한 활동을 계속해서 함께할 계획입니다. 또한 내년에도 오류장 운영을 하게 된다면 공간에 상주하면서 건축사사무소 업무와 함께 생활 SOC 공간으로서 운영하고자 합니다.

M SH공간복지전략실 김혜정 실장님의 소감을 들도록 하겠습니다.

C 반갑습니다. 다들 비슷한 마음으로 시작했고, 중간중간 비슷한 과정을 겪었던 것 같습니다. 그림이 명확하게 나와서 진행했던 것이 아니었기에 시행착오도 있었습니다. 마찬가지로 SH도 처음 진행하던 일이다 보니 준비가 부족한 부분도 있었을 것으로 생각합니다. 그런데도 이런 좋은 결과물들을 낼 수 있던 것은 청년건축가들

과 튜터들의 에너지가 작동했기 때문으로 여겨집니다.

다들 코로나19로 운영에 어려움을 겪은 듯합니다. 하지만 대부분 작은 규모의 장소였고 이용하는 주체가 굉장히 명확했기에 끊이지 않고 운영이 되었던 것 같습니다. 청년건축가 활동이 인터뷰 등의 언론 노출이 많아 반향이 일어나고, 많은 곳에서 프로젝트 내용을 공유받고자 하는 요청을 주었습니다. 그 영향으로 2기 여러분들 중에는 내용

13

13. 김혜정(SH 공간복지전략실 실장)

을 알고 오신 분들이 있고 3기를 미리 준비하고 계시는 분들도 있다는 이야기를 들었습니다. 청년건축가 1기의 노력으로 큰 발자국이 남겨졌다고 생각하며 감사드립니다. 튜터분들 또한 청년건축가들을 지원하고 이끌어주는 역할을 해주시면서 SH와 함께 발맞추어 청년건축가 프로젝트를 이끌어 나가주어서 감사드립니다. 남은기간도 목표하는 대로 진행될 수 있도록 SH도 잘 지원하도록 하겠습니다. 감사합니다.

M 1기의 발표 내용을 보았을 때 여러 우여곡절도 있고, 반대로는 이런 경험을 통해서 성장했다는 지점도 있었을 것 같습니다. 먼저 청년건축가로 참여하셨던 분 중에 참여 기간 동안 본인이 성장했던 지점에 대해서 말씀해주실 분이 계실까요?

C 포레스트 김은석입니다. 사실 운영 시작이 다른 팀들보다 조금 늦어지게 되어 조급함도 있었고 코로나19까지 더해져 홍보 방법에 대한 고민도 많았습니다. 매

14

14. 김은석(포레스트 팀)

번 반상회를 진행할 때 공동체나 유사 프로그램을 운영하시는 강사분들이 오시면 어떻게 홍보를 해야 사람들을 모을 수 있을까에 대해 여쭤보기도 하고, 한 달에 한 번씩 튜터분들과 상담을 하기도 했습니다. 그러면서도 사실 계속해서 조급함을 가지고 있었는데, 지금은 어느덧 '작은 숲 아지트'의 운영이 안정권에 들어온 것 같습니다. 지금 되돌아보니 청년건축가 프로젝트 자체가 지역에 스며드는 데까지 기간이 필요하다는 사실을 깨달을 수 있었습니다. 제가 아무리 난리를 치고 홍보를 위해 주부님들을 만나고 인터뷰를 해도 지역과 가까워지는데 절대적인 시간이 필요하기 때문에 충분한 시간과 여유 있는 마음이 있어야 한다고 생각합니다.

M 만약 이 사업이 다시 진행되거나 계속해서 공간을 운영하게 된다면, 보완되어야 할 점이나 2기가 시작하며 꼭 알아야 할 것들에 대한 조언 부탁드립니다.

C 첫 번째로, 대상지 입지 조건에 대한 충분한 고려가 필요한 것 같습니다. 공간 자체가 좋더라도 교통편이 불편하면, 아무리 주거지역 내 중심지에 위치해도 이용자가 찾아오는 과정이 너무 힘듭니다. 홍보하고 공간에 오는 방법을 자세한 동영상으로 만들어 업로드해도 찾기 어려워하는 사람이 많았습니다. 만약 프로젝트를 다시 하게 된다면, 최대한 좋은 입지 조건의 장소를 택할 것입니다.

두 번째로는 각자 좀 더 명확한 컨셉과 방향성을 가져야 한다고 생각합니다. 프로젝트 초반에 홍보에 치중하면서 초기 기획안에서 놓쳤던 부분들이 있어 아쉬웠습니다.

M 감사합니다. 본인에게는 어떠한 점에서 성장할 수 있었는지, 반대로 어떠한 어려움이 있었는지, 있었다면 개선되어야 할 점에 대해 공채움 팀에게 의견을 부탁드립니다.

C 공채움 현선용입니다. 가장 성장할 수 있었던 부분은 '생각의 깊이가 깊어질 수 있다'는 점입니다. 프로그램을 기획하고 진행하고 공간을 설계하는데, '기획력'이라는 것이 중요하다는 것을 깨달을 수 있었습니다. 처음이라 놓쳤던 부분들을 진행해 나가면서 과정을 스스로 생각해보는 과정을 경험했습니다.

아쉬웠던 점의 첫 번째로는, 반지하 공간의 열악한 물리적 조건이었습니다. 모두가 겪으셨겠지만 누수, 침수, 곰팡이 등의 환경적 요소가 여름철에는 더 심해져서 매우 힘들었습니다. 두 번째로는, '가이드라인'에 대한 중요성 부분입니다. 프로젝트 진행 중 계획

15. 현선용(공채움 팀)

없이 갑자기 생기는 일정들로 인해 힘들었습니다. 저희가 한번 겪어봤으니까 2기 때부터는 괜찮아지리라 생각합니다. 기대됩니다.

M 한 분 정도 더 이야기를 들어보려고 하는데, 개선해야 할 점에 관해 이야기를 들어본 김에 정말 힘들었던 점에 대해서 한 번 더 들어봤으면 좋겠습니다. 저희가 좋은 이야기를 많이 하는 것도 중요하지만, 청년건축가 사업이 2기, 3기로 계속 이어지려면 1기를 진행하면서 어려웠던 점들이 잘 개선되어야 한다고 생각하기 때문입니다. 그래서 제 앞에 계시는 삼차선 팀에게 질문드리겠습니다.

가장 힘들었던 점 혹은 프로젝트 중 공간을 설계하고 건축하는 것을 넘어서 지역에서 주민을 만나는 접점에서 마음의 위로가 되거나 감동적인 순간이 있으셨는지가 궁금합니다.

C 삼차선 서경택입니다. 이 프로젝트를 하길 잘했구나 라는 생각이 들었던 때는 아이들 대상으로 프로그램을 운영하고 참여한 아이들이 좋아한다는 피드백을 받았을 때였습니다.

힘들었던 점은 사실 많지만 지금 당장 생각

나는 것은 개선된 공간이 만들어지고 난 후, 앞으로 이 공간 운영을 지속할 수 있는지에 대해 아직 정해지지 않았다는 것입니다. 주변 지역이나 커뮤니티와 이야기하다 보면 지역을 대상으로 하는 대부분의 공간과 시설들은 담당자가 계속 바뀌고 지원 사업이 변경되다 보니 장기적으로 지속 가능한 프로그램이 되지 못하는 사례가 많다고 합니다. 청년건축가 또한 이러한 한계를 답습하지 않을까 걱정됩니다.

16

16. 서경택(삼차선 팀)

다른 한 가지는 이 공간을 계속 운영하려면 SH공사가 지원금을 주거나 공간 자체가 운영자들이 운영을 통해 수익을 창출할 수 있는 테스트베드가 되어야 하는데 현재까지 확인된바, 수익사업을 할 수 없고 지원도 사실상 부족하다고 생각합니다.

M 2기를 준비하는 입장에서 저희도 고민하는 부분이기도 합니다. 이는 청년건축가뿐만 아니라 유사한 다른 프로젝트들에도 반드시 고려되어야 하는 부분이라고 생각합니다.

이 공간들이 동네에 있는 만큼 우리 모두에게 지속가능한 사용성이나 수익이 필요한 부분이 있는 것 같고, 시간을 들인 만큼 얼마나 오랫동안 유지될 수 있는지에 대한 것도 중요한 부분이기 때문에 앞으로 2기 진행 시 마지막 3개월 동안은 지속가능한 운영 방법에 대해 더욱 깊이 있게 논의하도록 하겠습니다.

다음은 1기 튜터분들인 블랭크건축사사무소의 김지은 대표와 도시공감 이준형 대표에게 의견을 청해 듣겠습니다. 보람과 감동에 대한 질문은 너무 식상할 것 같아서 질문을 조금 바꿔보겠습니다. 지금까지 진행하시면서 괜찮았거나 좋았던 점과 진행하는 입장에서 어려웠던 점에 대해 편하게 말씀 부탁 드립니다.

C 블랭크 김지은입니다. 저희도 이러한 사업에 처음 참여하다 보니 같이 허둥지둥한 점이 많아 튜터라는 역할보다 메이트의 역할에 더 가까웠던 것 같습니다. 그래서 돌아보면 안타까움도 좀 있고 아쉬움도 있습니다. 그럼에도 불구하고 건축하는 사람은 무엇이든 잘한다는 말이 있듯이 결과물로서 공간도 예상보다 만족스럽게 잘 나왔기에 너무 보람 있었습니다.

사실 공간을 설계하고 구현해내는 경험이 필드에서 실무를 하는 저희에게도 어려운 일입니다. 계획했던 설계안이 실제로 시공되었을 때, 아쉽거나 놀라운 부분들이 있었던 것 같습니다. 하지만 그러한 경험을 졸업을 앞둔 시점 혹은 사회 초년생 때 몸소 겪어보는 것 자체가 건축가로서 성장해 나가는 소중한 기회였을 거라 생각합니다.

다만 조금 아쉬웠던 점은 그런 경험 자체들이 너무 각자에게 머물렀던 게 아닌가 하는 생각도 있습니다. 우리가 좀 더 풍부한 프로그램을 기획할 수 있었더라면 그 경험을 서로 주고받으며 서로에게 영향을 많이 주었을텐데 계획된 진도를 따라가는데 급급하다 보니 좀 더 풍성하게 네트워크를 만들어내지 못했던 것이 살짝 아쉬움으로 남습니다. 그래서 2기에서는 서로 교류하는 기회를 더 많이 만들었으면 좋겠습니다.

공간 운영이 얼마나 어려운 일인지 SH는 물론 저희도 잘 알고 있기 때문에 청년건축가들이 그것을 해나가는 모습을 지켜보며 보람을 느꼈습니다. 시작할 때 우리 모두에게

있었던 '과연 될까?'라는 의구심이 '된다'라고 느끼기까지 몇 개월이 걸렸던 것 같습니다. 차츰 공간이 잘 운영되어가는 것을 보았을 때 아주 뿌듯했습니다.

말씀드렸던 대로 1기의 결과물인 공간을 '앞으로 어떻게 사용하고 운영할지'라는 큰 숙제가 남았습니다. 만들어진 공간이 잠깐의 이벤트처럼 1년 동안 열렸다가 끝나는 것이 아니라 '지역에 필요한 공간은 무엇인가'에 대해 남은 기간 함께 고민해나갔으면 합니다.

17

17. 김지은(블랭크)

가 많았을 것입니다. 그런 반복된 루틴에 의한 피로감과 회의감을 저희에게 이야기했을 때, 저는 오히려 좋았습니다. 왜냐하면 학교나 공모전, 다른 외부활동을 통해서 피상적으로 느꼈던 것들을 넘어 현장의 또 다른 느낌과 생각을 만들어주고 체득하게 된 것으로 생각했기 때문입니다. 그렇기에 청년건축가들이 앞으로 저희와 같은 길을 가든 그렇지 않든 이번 경험은 굉장히 훌륭한 자원이 되어 건축가로서 본인의 역량을 발휘하는 힘이 되리라 생각합니다.

오늘 발표에서 '동네'와 '마을'이라는 굉장히 자연스럽게 사용하는 모습을 보았습니다. 이처럼 '동네'와 '마을'이라는 표현도 학문으로 배웠던 의미와 직접 느낀 현장에서의 의미가 달랐을 거라 봅니다. 학교에서 이야기하는 '동네'와 '마을'은 굉장히 철학적이고 형이상학적인 의미로 포장됩니다. 그러나 실제로 현장에서의 '동네'와 '마을'은 분명 청년건축가들에게 각자 다른 의미로, 다양한 모습으로 받아들여졌을 것입니다.

이번 프로젝트가 사회에서 건축가들이 가져야 하는 역량과 역할을 진지하게 고민해볼 기회가 되었기를 바랍니다. 저 또한 이것이

C 도시공감 이준형 대표입니다. 앞서 포레스트 김은석 씨의 의견에 많은 공감을 합니다. 한 달에 한 번씩 팀들을 만나면서 들었던 얘기 중에 반가운 이야기가 있었는데요. 공간 운영이라는 것이 굉장히 루틴을 가져야 하는 작업이라는 것입니다. 처음에는 내가 만든 공간에 사람들이 방문해주니까 좋고 보람되고 신나기도 하지만, 방문자가 계속해서 늘어나고 매일 예약이 들어오는 상황에서 동일한 작업을 끊임없이 반복해야 하다 보니, 반복되는 상황이 주는 피로감과 '내가 이런 반복 작업을 하기 위해서 이 일을 하고 있나?'라는 회의감이 들 때

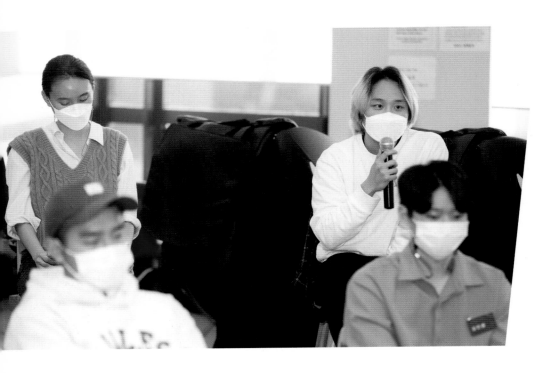

바로 'SH청년건축가'가 가지는 가장 큰 매력이라고 생각합니다. 우려되는 부분은 앞에서 이미 다 말씀해 주셨기 때문에 그런 부분들을 잘 해결해 나간다면 앞으로 청년건축가 1기, 2기뿐만 아니라 SH 입장에서도 청년건축가라는 프로그램을 사회에 유익하게 남길 수 있을 거라 생각합니다.

M 감사합니다. 다음으로는 블랭크의 김세중 매니저님께 질문드리겠습니다. 어려웠던 점이나 좋았던 점과 함께 공

간 자체가 '버려진 반지하'라는 특별한 상황을 팀들과 어떻게 접근하고 해결해 나갔는지에 대해 말씀 부탁드립니다.

C 블랭크 김세중입니다. 앞에서 두 대표님이 대부분을 말씀해주신 것 같아서 저는 조금 다른 시점에서 말씀드리겠습니다. 저는 비 건축전문가로서 운영과 기획파트를 주로 다뤘기 때문에 프로그램 측면에서 조언을 많이 하고자 했습니다.
아무래도 청년건축가분들이 건축전공자이

다 보니 학교에서 배운 내용을 현장에서 적용했을 때 매우 많은 디테일과 숨은 요소들에 직면했을 듯합니다. 특히 공간을 만드는 작업 이외에 가장 어려워했던 점은 '사람을 만나는 일'이었을 텐데요. 기획 단계에서는 주부, 시니어, 청년 등으로 막연한 타겟으로 잡았지만 직접 그 세대들에게 말을 걸고 소통하는 것은 해본 적 없는 영역임은 물론 생각보다 익숙하지 않았을 듯합니다. 공간의 건축가를 넘어 운영자로서 기획을 실전에 옮기며 다양한 연령대의 마을 주민들을 만나서 어떻게 관계를 맺을지, 어떤 프로그램

19

19. 김세중(블랭크)

을 운영할지, 어떻게 장기적으로 파트너십을 맺을 것인지에 대한 역할을 어려워했던 것 같습니다.

명칭은 '청년건축가'이지만 실질적으로 저희가 공간을 운영하는 데 있어서 '운영자'로서의 역할도 굉장히 중요하게 요구되었기에 운영 단계에서 공간에 오는 주민들과 어떻게 스킨십하고 이야기를 만들어나갈지에 대해 2기 과정에서도 고민이 필요하지 않을까 생각합니다.

M 감사합니다. 다음으로는 한승주 소장님께 질문드리겠습니다. 아무래도 사례가 없는 1기이다 보니 공사와 함께하는 발주, 시공단계에서 어려웠던 점이 있었을 거라 생각됩니다. 또한 반대로 좋았던 점도 있었을 거라 생각되는데, 편하게 말씀 부탁드립니다.

C 두성시스템 한승주입니다. 작업이 필요한 공간 자체가 오랜 기간 비어 있던 집이었기 때문에 철거 과정에서 천장이 무너지기도 했고 곰팡이 제거의 어려움을 겪기도 했습니다. 아무래도 준공 시점이 오래된 건물이다 보니 자재 선정과 시공 공법의 적용 등에서 일

반적인 요즘의 건축물과는 다른 접근이 필요했습니다.

하지만 평소와는 달리 디자인이 독특한 공간을 공사해본다는 것이 값진 경험이었습니다. 보통 구청이나 시청에서 발주 받아서 공사하는 공간들은 결국 실제로는 운영이 잘 안 되는 '생색내기용'의 공간들이 많았는데 청년건축가의 공간은 준공 후에 실제로 너무나 활발히 활용되고 있다는 점에 많이 놀랐고 보람 있었습니다.

M 감사합니다. 한승주 소장님 말씀에 잠시 뭉클해졌습니다. 사실 제가 1기 청년건축가분들과 앞으로 만날 기회가 있을지 모르겠지만 앞으로 비슷한 과정을 진행해 나가야 한다는 상황에서 한 말씀 드리자면 노후주택이나 유휴공간들을 재생시켜서 활용해보려고 하는 시도 자체가 우리 사회에 아직 많지 않다고 봅니다. 그런 의미

20

20. 한승주(두성시스템)

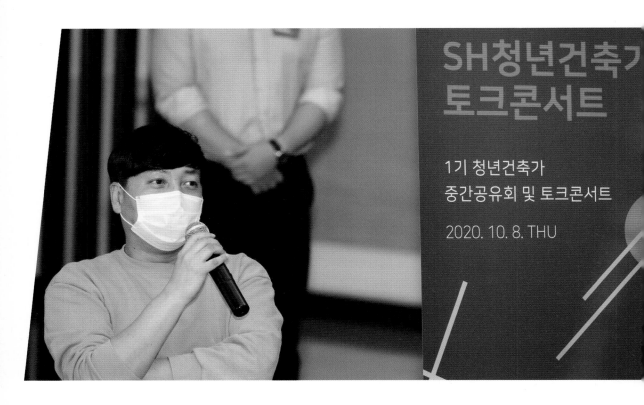

에서 정말 감사하다고 말씀드리고 싶습니다. 저희 또한 앞으로 2기를 진행해 나가면서 같이 고민해봐야 할 문제인데, 우리나라에서는 아직활용 가능성 있는 공공자산이나 유휴공간들을 자유롭게 사용할 기회가 많지 않다고 생각합니다. 그런 환경 속에서 SH가 이러한 소중한 기회를 만들어준 것 같습니다.

다만, 앞서 말씀하신 바와 같이 이러한 공간들에서 작게나마 사회적 수익을 창출할 수 있게 된다면 그 공간이 더욱더 값지고 널리 활용될 수 있게 되지 않을까 생각합니다.

앞으로 2기를 진행하면서 앞서 고생해준 1기의 노력이 헛되지 않도록 다양한 의견들을 수렴해서 진행하도록 하겠습니다.

마지막으로, 2기 청년건축가들과 2기 튜터분들의 소감을 청해 듣도록 하겠습니다.

C 로모의 조윤제입니다. 1기 결과물에 대해 잘 보았습니다. 제가 생각하는 건축은 많은 시간과 노력이 집약된 하나의 아이디어가 만들어 낸 결과물입니다. 보통의 경우에는 이런 노력으로 만들어진 공간은 하나의 물리적인 장소로만 남게 되고 공간을 만든 건축가들은 사라지게 됩니다. 그러나 청년건축가 프로젝트는 건축가가 공간

을 만들고 그 공간에서 성장하며 지역의 커뮤니티로서 주민들과 직접 관계를 맺고 발전하는 기회를 제공해주는 것 같습니다.

우려되는 점은 이렇게 성장해 나가는 과정에서 현실적인 운영의 어려움이 있을 수 있다는 점입니다. 앞으로 2기를 진행하면서 어떻게 하면 이러한 어려움을 보완하는 운영 전략을 짤 수 있을지 깊게 고민해보겠습니다.

M 감사합니다. 마지막으로는 공간복지전략실 김혜정 실장님께 총평을 청해 듣도록 하겠습니다.

C 늘 많이 부족함을 느끼고, 고마움과 미안함을 가지고 있습니다. 가끔은 외롭다는 생각이 드는 순간도 있는데 그 이유는 '공간복지'라는 것이 제도화된 것이 아니기 때문입니다. 공공기관의 특성상 어떠한 사업 수행 시 근거를 가지고 집행하고 예산을 사용해야 하는데 공간복지 프로젝트들은 그런 바탕들이 전혀 없는 상황에서 노력하고 있습니다. SH공사 내부에서도 '이해가 가지 않는 프로젝트'로 보여지는 때도 있었습니다. 하지만 이러한 어려운 바탕에서도 청년건축가와 함께 프로젝트를 진행하며 큰

에너지를 받았습니다. 그래서 조금 더 노력하다 보면 많은 기회가 생기지 않을까 하는 기대감이 있습니다.

SH공사에서도 어떻게 하면 이 공간들을 지속 가능하게 만들 것인가에 대한 수많은 고민을 합니다. 가장 좋은 방법은 이 프로젝트를 통해 공간복지의 실현이 '제도화'되는 것입니다. 물론 제도화가 되는 데까지 많은 시

간과 노력이 필요하리라 생각하기 때문에, 당장 실현이 어렵다면 뜻이 있는 사람들과 모여 시범적으로 프로젝트를 이어 나가려고 합니다.

사회적 기업뿐만 아니라 민간기업에서 사회적 가치를 공유하는 분들과 다음 프로젝트에 필요한 비용에 대해 같이 고민하고 있습니다. 우리은행과 협약을 맺어 지원에 대한

운영 성과(정량평가)

	구분 (공간이름)	시소 (오류장)	삼차선 (십삼월)	포레스트 (작은 숲 아지트)
공간 운영	누적 방문객 수	77명	60명(+α)	74명
	재방문률 또는 단골 방문객 수	6명(5회 이상 재방문)	–	11명
	주요 방문객(세대, 성별 등)진행 프로그램 횟수	건물주민(반상회) 교회 소모임	아동 및 학부모, SNS 통한 방문자	주부 (20~50대)
프로 그램 운영	진행 프로그램 횟수	3회	19회	3회
	프로그램 참여자 수	40명	55명	72명
	공간대관 횟수	별도 대관 없음	별도 대관 없음	6회
네트 워크	지역자원 (행정, 기관, 주민단체 등)	· 구로 청년공간 "청년이룸" · 오류동OO교회	· 서울문화재단 양천구 생활문화 활동가 · 프라이드그린 토마토 (지역 잡지) · 신월5동 도시재생 추진협의회(+신월동 통친회)	· 개봉2동 주민센터 · OOO 북카페 · OO어린이집 외 7개 지역어린이집 · 구로 여성가족부 · 개봉동 공예모임 · 개봉동 가족공예 모임
대외 홍보	매스컴 노출 횟수	1회	2회	3회
	SNS 팔로워 채널별 합계	125명	736명	82명
	SNS 포스팅 개수 채널별 합계	21회	32개	11회

구조를 만드는 논의를 진행 중이기도 합니다. 앞으로도 끊임없이 이 사업의 필요성을 알리고 홍보해 더 많은 기회를 만들어 나가겠습니다.

부족한 점에 대한 의견에도 충분히 공감하고 있습니다. 앞으로도 지금처럼 SH공사에 대한 신뢰를 가지고 따라와 준다면 계속해서 더 좋은 방향으로 나아가도록 노력하겠습니다.

M 청년건축가 1기와 2기 그리고 튜터들은 도시와 건축에 대한 열정을 가졌다는 공통점으로 앞으로 사회에 진출해서도 동료로서 혹은 선·후배로 계속 이어나갈 수 있는 소중한 관계가 될 것입니다. 토크콘서트를 마치도록 하겠습니다. 감사합니다.

구분 (공간이름)		공채움 (이너가든)	정릉기지 (정릉기지)	하우스+X (소소한담)
공간 운영	누적 방문객 수	207명(+α)	70명(+α)	120명(+α)
	재방문률 또는 단골 방문객 수	40명 재방문률 20%	–	2회
	주요 방문객(세대, 성별 등)진행 프로그램 횟수	40~60대 주부 및 가족	20~30대 (SNS 통해 방문)	20~30대 소규모 모임, 연인
프로 그램 운영	진행 프로그램 횟수	17회	12회	5회
	프로그램 참여자 수	170회	28명	–
	공간대관 횟수	9회	별도 대관 없음	57회
네트 워크	지역자원 (행정, 기관, 주민단체 등)	· 목2동주민센터 · 양천문화재단 · 양천도시재생센터 · 양천 생활예술 지원 센터 · OO청소년지역아동센터 · 등촌 신협 OOO 공부방	· 무중력지대 성북 · 정릉맥주도가 · 어디에 가든 · 달달한 양장점	· 종종걸음(서북문화재단 산하 종암동 주민모임) · 쫑알쫑알단(종암동 지역 신문 모임)
대외 홍보	매스컴 노출 횟수	8회	2회	7회
	SNS 팔로워 채널별 합계	178명	156명	71명
	SNS 포스팅 개수 채널별 합계	21회	24회	13회

21

21. "2020.10.8. 토크콘서트
중간공유회 기준"표기

2 여섯 가지
공간복지 이야기

1기 SH청년건축가 팀별 활동 이야기

"도시에서의 휴식은
충분하신가요?"
For-Rest

소외당한 이들에게도 그들만의
휴식공간을 제공하고 싶었다
그래서 도시 안의 휴식 사각지대를
쉼터로 개선 중이다

도시의 발전은 우리에게 수많은 편리함을 제공해줬다. 하지만 모든 사람들이 도시에서 충분한 휴식을 누리고 있을까? 도시에는 수많은 사람들을 위한 시설과 인프라가 갖춰져 있지만 그것들을 이용하지 못하는 사람들이 많다. 도시 안의 휴식 사각지대에 놓인 사람들, 도시로부터 소외당한 사람들에게도 그들만의 휴식공간을 제공하고 싶었다. 그 첫 발걸음이 이번 프로젝트로 이어졌다.

작은숲
아지트

계흥동에만 존재하는
아주 특별한 공간이 있습니다.

빌라 사이 숨겨진 골목
몇 팍팍한 들어서면 나타나는 작은 숲

수다를 떨어도,
커피를 마셔도,
책을 읽어도, 뭐든,
무엇이든 할 수 있는 이곳은

범바들만의 비밀공간
작은 숲 아지트입니다.

서울주택도시공사
주최 : SH청년건축기 포레스트

For-Rest팀은 공간이 사람에게 끼치는 영향에 대해 건축가의 사회적 책임의식을 가지고 복지공간을 계획하려했다. 사업성에 치우쳐 실질적으로 도움이 필요한 사람들에게까지 혜택이 닿지 않는 모순을 줄여나가고, 진정한 의미의 쉼터를 조성하여 그들의 삶터를 풍요롭게 가꾸는 데 일조하고 싶다. 보여주기식이나 규모, 실적을 강조하는 복지가 아닌 생활밀착형 프로그램을 실행하면서 개개인에게 실질적인 도움을 주어 근본적인 마을의 발전에 기여하고자 노력 중이다.

위치 구로구 개봉동 318-5 지하
아이템 신혼 주부를 위한 자기계발 공간제공 및
　　　　 지역 프로그램 홍보 및 연결

포레스트_ For-Rest
작은 숲 아지트

나의
우주 속 아지트

내가 자란 곳은 주로 저층 주거지였다. 청결하지도 않고 편리하지도 않았지만 세상 그 어느 곳보다 아늑했다. 하루를 꼬박 골목에서 보내고도 더 놀지 못해 아쉬웠던 시간이 나이테처럼 내 몸 곳곳에 차곡차곡 쌓여있다. 그곳에서 키가 자라고 손과 발이 크고 달리기 속도가 빨라졌다. 그 시간 내내 나는 한 번도 외로움과 지루함을 느껴본 적이 없다. 가파른 오르막길과 낮고 비좁은 건물 사이에서도, 폭염과 혹한 사이에서도, 미지의 개척자가 된 것처럼 친구들과 모든 공간을 탐험하고 다녔다. 작고 좁은 골목은 나의 우주였다. 그중에서도 제일 좋아했던 공간은 친구들과 같이 만들었던 비밀 '아지트'였다. 골목 가장 깊숙한 곳에 숨어있는 가장 사적인 공간. 나는 길을 묻는 이방인이 되기도 하고, 집주인이 되기도 하고, 옆집 사람이 되어보았다가 전문 관리인이 되어보기도 했다. 노는

와중에도 내일 이곳에서 다시 만날 시간들이 벌써 기대되곤 했다. 골목 곳곳에 숨어있는 작은 공간에 친구들과 함께 만들었던 비밀 아지트는 유년 시절의 기억을 풍요롭게 만들어주었다.

그 기억 때문일까. 골목을 떠나 더 이상 아지트를 찾지 않게 된 뒤로도 공간에 대한 열망이 항상 남아있었다. 누구나 갖고 있는 유년 시절의 향수라 생각했는데, 입대 전 아프리카로 봉사활동을 떠났을 때, 1년간 살 집을 직접 지으면서 해묵은 감정들이 꿈틀대기 시작했다. 오랫동안 소식을 주고받지 못했던 다정한 사람처럼, 골목과 함께했던 기억들이 한꺼번에 밀려왔다. 그때 알았다. 공간은 단순히 비바람을 막아주는 것뿐 아니라, 많은 것을 변화하게 해준다는 것을. 공간을 채우는 사람에 따라서, 공간이 위치한 장소에 따라서, 그곳을 채우는 다양한 것들에 따라서. 공간은 무궁무진한 가능성을 가지고 있다. 아프리카의 캄캄한 밤하늘을 바라보며 언젠가 작지만 커다란 힘을 지닌 공간을 만들겠다고 다짐했다.

홀로 마주하게 된
저층 주거지

한국에 돌아온 뒤로는 건축에 대해 심도 있게 배워보고 싶어 대학원에 진학했고, 여러 프로젝트에 도전해보기로 마음먹었다. 그 일환으로 친구와 함께 SH 주택공모전에도 참가했다. 참가에 의의를 두었는데 감사하게도 입상까지 할 수 있었다. 비록 큰 상은 아니었지만, 기대 이상의 결과에 꿈에 한 발 내디딘 것 같았다. 그리고 한 달 뒤, 함께 참가한 친구가 SH로부터 온 메시지를 보았느냐고 물었다. 그제야 메시지를 확인해보니 SH에서 진행하는 공간복지 프로그램에 관한 내용이었다. 친구는 일정을 맞출 수 없다며 내게 참가 의사를 물었다.

나는 일단 며칠 후에 열리는 1차 워크숍에 참가해본 뒤 결정하겠다고 했다.

　그런데 막상 참가해보니 대부분 주택공모전에서 입상한 사람들이 응모했던 팀 그대로 공간복지 프로그램에 참여하는 분위기였다. 친구가 참여할 수 없는 상황에서 나는 혼자 프로그램을 진행해야 하는 상황이었다. 벌써 버겁고 많은 난관이 예상되었지만, 막상 포기하려고 하니 아쉬움이 남았다. 저층 주거지 주민들에게 기여할 수 있는 복지 공간을 조성한다는 메시지가 오래오래 나를 붙잡았다. 공간복지 분야에 도전했던 튜터들을 보고 한번 해보고 싶은 생각도 들었고, 아프리카에서 했던 다짐도 떠올랐으며, 어린 날의 풍경들을 다시 마주할 수 있지 않을까, 하는 기대감도 생겼다. 결국 나는 유일하게 개인팀으로 프로그램에 참여하게 되었다.

　공간복지 프로그램은 저층 주거지를 개선하여 복지 공간으로 활용하는 것이 목적이었기 때문에 모두 저층 주거지, 즉 반지하 공간이었다. 그중에서도 개봉동은 저층 주거지가 밀집한 동네였다. 나는 좁은 골목과 평화롭게 어우러지는 동네 풍경을 떠올리며 주저 없이 개봉동을 선택했다. 참여 팀끼리 대상지가 겹치는 일도 발생했지만, 개봉동은 아니었다. 그래서 나는 접전 없이 원하는 대상지를 고를 수 있었는데, 막상 아무도 선택하지 않자 어떤 오기가 생겼다. 개봉동 대상지를 보란 듯이 멋진 공간으로 만들어내고 싶어졌다.

그림자에 가려진
정원

서울시 구로구 개봉동은 남북으로 개웅산과 매봉산을 두고 있어 생긴 이름이다. 쭉 뻗은 대로를 중심으로 위쪽은 개봉1동, 아래쪽은 개봉2동과 개봉3동으로 나뉜다. 대상지는 개봉2동에 자리 잡고 있다. 개봉2동은 저층 주거단지가 밀집

1

2

1. 대상지로 향하는 오르막길
2. 대상지 입구, 진입로 경사가
   심해 주차공간으로 적합하지
   않은 모습

된 동네로 조용하고, 세탁소나 미용실 등 작은 가게들이 골목마다 자리 잡고 있다. 근처에는 개봉중앙시장이 있고, 주변보다 저렴한 시세 때문인지 젊은 사람도 많이 보였다. 그러다 보니 평생 이 동네에서 사셨다는 어르신들까지 다양한 연령층의 사람들을 볼 수 있었다.

대상지를 직접 보기 위해 처음 방문했던 날, 나는 한참을 헤맸다. 건물의 외관이 비슷비슷한 데다가 대상지의 입구가 다른 건물보다 5m 정도 안쪽에 자리 잡고 있었기 때문이다. 그렇다 보니 주변 건물의 그림자로 인해 더욱 입구를 찾기 어려운 구조였다. 대문 앞 진입로에는 잡초가 무성했고 쓰레기로 인해 오래 방치된 느낌을 지울 수 없었다. 진입로의 경사가 심해 주차하기에도 적합하지 않을 것 같다고 생각하며 땀을 훔쳤다. 오르막길을 몇 번이나 오가니 가을바람이 선선하게 부는 데도 땀이 났다. 그 앞에 서서 잠깐 숨을 돌렸다. 순간, 어릴 적 아지트에서 쓸모없던 것들에 이름을 붙여주며 보냈던 시간들이 떠올랐다. 영원인 줄 알았는데 찰나였던 시간들. 그래, 이런 게 아지트지, 생각하며 다시 몸을 움직여 대문을 열었다.

대문을 열고, 나는 깜짝 놀랐다. 그곳은 내가 발견했던 수많은 아지트 중 가장 근사한 아지트였다. 건물 계단 옆으로 화단이 정원처럼 펼쳐져 있었는데, 주변 건물로 둘러싸여 중정 같은 분위기를 자아냈다. 사실 길을 헤매면서 접근성이 떨어진다는 생각을 내내 떨치지 못했다. 복지공간을 조성하려면 무엇보다 찾아가기 쉬워야 할 텐데, 하는 근심에 걸음이 무거웠다. 그런데, 정원을 바라보고 있으니 그런 걱정이 무색해졌다. 바라보기만 해도 근심이 사라지는 곳. 위로가 되는 곳. 근심은 어느덧 복지공간으로 이만한 공간이 없다는 생각으로 기울어졌다. 그리고 해야 할 많은 일중 하나가 정리되었다. **이곳을 찾기 쉽게, 눈에 띄게 만들어야 했다.**

소행성 B201호,
초록에 대한 갈증을 느끼다

나는 좀 더 들어갔다. 건물에는 똑같이 생긴 현관문이 여러 개 있었다. 그중 대상지는 B201호였다. 대충 훑어보기만 해도 다른 세대에는 사람이 살고 있음을 알 수 있었다. 그 사이 오랫동안 방치된 집, B201호. 나는 B201호의 문을 열었다.

긴 시간 사람이 살지 않은 반 지층 집답게 B201호는 현관부터 퀴퀴한 냄새가 났다. 당연히 전기도 들어오지 않았다. 어두운 실내로 조금씩 들어서자 숨쉬기 어려울 정도로 먼지가 날렸다. 저층인 데다 사방이 건물로 둘러싸여 있어 햇빛이 거의 들지 않아 눅눅한 벽 위로 곰팡이가 뒤덮고 있었다. 사정은 바닥도 마찬가지였다. 장판 위로는 흙먼지가, 아래로는 곰팡이가 번져 있었다. 특히 장판

3

3. 대문 안 모습. 계단 옆 화단이 정원처럼 펼쳐진 내부 주차공간으로 적합하지 않은 모습

과 벽지가 만나는 부분은 그냥 검은색으로 보일 만큼 곰팡이가 심했다. 부엌은 현관에서 가장 가까운 곳이어서 들어오자마자 눈에 띄었는데, 싱크대 상판은 시트지가 벗겨진 채 부서져 있었고, 배관은 녹이 슬어 교체가 시급해 보였다.

좀 더 안쪽으로 들어갔다. B201호는 직사각형 평면으로 총 세 개의 평면으로 구성된 공간이었다. 오른쪽에 큰방(안방), 중간에 부엌과 현관, 왼쪽에 작은방이 있었다. 바로 옆방이었지만 안방으로 들어가는 공간은 화장실로 인해 1.4m 정도의 폭으로 복도가 만들어져 바로 보이지 않는 구조였다. 창문은 화장실까지 포함하여 총 4개가 있었다. 다행히 창문은 대부분 상태가 좋아서 그대로 사용하면 될 것 같았다. 부엌 창문만 철거해야겠다고 생각하며 서둘러 밖으로 나왔다. 밖으로 나오자마자 코를 막고 있던 팔을 내리고 숨을 몰아쉬었다. 각오는 했지만, 생각보다 심각한 상황에 조금 막막해졌다. 당장 이 공간을 어떤 공간으로 만들지조차 의문이 들었다. 도대체 어떤 공간으로 탈바꿈시킬 수 있을까. 현관에 서 있으니 다시 정원이 보였다. B201호와 정원화단까지의 거리는 고작 몇

4

4. 대상지인 B201호. 어린왕자 소행성 B612처럼, B201호는 나의 우주 속에서 하나의 소행성으로 커져가고 있었다

걸음인데 전혀 다른 시공간처럼 느껴졌다. B201호에도 곰팡이 대신 초록의 기운이 닿을 순 없을까. 그렇게 두 번째 목표 과제가 생겼다.

휴식을 위한 숲,
'forest for rest'

두 번째 목표를 세우고 나는 팀 이름을 정했다. For-rest. 이곳에 편안하게 쉴 수 있는 작은 숲을 만들겠다는 뜻으로 지었다. For-rest는 사람의 행위와 삶에 미치는 공간의 영향에 대한 건축가의 사회적 책임 의식 아래, 프로젝트를 시작했다. 프로젝트를 시작하기에 앞서 조사한 바에 따르면, 많은 복지 공간이 사업성과 계획에 치중돼 실질적으로 복지혜택을 받아야 하는 사람들에게까지 복지혜택이 닿지 않았다. 그래서 For-rest는 지금까지의 과정을 역으로 적용하여 먼저

5. 긴 시간 공실로 방치된 대상지. 곰팡이가 가득하고 악취가 나는 등 주거 환경으로 적합하지 않은 모습

공간을 이용할 사람들이 머물고 있는 마을에 주목한 뒤, 그에 맞게 공간을 조성하기로 했다. 큰 건물이나 프로그램에 사람을 인위적으로 모으는 것이 아니라, 이용자들의 삶터에 녹아있는 작지만 알찬 생활밀착형 공간. 그 공간에서, 공간을 필요로 하는 이용자들이 성장해 또 다른 사람에게 도움을 주고, 나아가 마을의 발전에 영향을 미치게 하는 것이 For-rest의 커다란 포부였다.

그런데 그 사람들은 누구일까. 나는 다시 고민에 빠졌다. 누군가를 위한 휴식 공간을 만들겠다는 틀은 정했지만 그게 누구인지 구체화하지 않아 어떤 분위기를 만들지, 그들에게 필요한 게 무엇인지도 알 수 없었다. 개봉동의 작은 숲 아지트는 누구를 위한 공간이어야 할까. 일단 동네를 걸어보기로 했다. 실질적인 정보를 구해야 했기 때문이다. 길에서 주민을 만나면 물어볼 생각으로 골목 구석구석을 걸었다. 하지만 주민을 만나기도 어려웠을뿐더러, 만나더라도 대부분 인터뷰에 응하지 않았다. 묻기도 전에 손사래를 치거나 모른다고 하는 경우가 가장 많았다. 기분이 조금 상해가던 차에 대상지에서 한 블록 떨어진 곳에서 아주머니 한 분을 만날 수 있었다. 대문 앞에서 고추를 널고 계셔서 조심스럽게 다가가 개봉동에 대해, 복지 공간에 대해 이것저것 물어보았다. 가을 햇볕 아래 무료하게 고추를 널고 계시던 아주머니는 여러 질문에 오랫동안 답해주셨는데, 복지 공간이 생기면 가보시겠냐는 물음에는 이렇게 답하셨다. "먹고 살기도 힘들어 죽겠는데 언제 그런 곳을 가."

엄마의 방, 엄마의 쉼터, 엄마의 아지트

순간 머리가 새하얘졌다. 아주머니는 여전히 고추를 널고 계셨고, 그 행위에는 어떤 감정도 담겨있지 않은 것처럼 보였다. 고단함과 권태로움 사이의 어떤 상태처럼 보일 뿐이었다. 해야 하니까, 해왔던 것이니까 별다른 의심이나 불만 없이 해내고 있는 것 같았다.

　좋은 공간을 만들고 싶었는데, 도대체 누구를 위한 좋은 공간이란 말인가. 원하는 사람이 없다면 아무리 열심히 만들어도 무의미한 공간이 되는 것은 아닐까. 더욱 혼란에 빠져 집으로 돌아왔다. 집에 오니 엄마가 저녁상을 차리고 계셨다. 식탁에 앉아 그런 엄마를 빤히 바라보았다. 엄마는 내가 보는지도 모르고─어쩌면 알고 있지만 상관없다는 표정으로─상을 차렸다. 우리는 다정한 사이지만, 이따금 이거 먹어, 이것도 먹어, 하는 대화 외에는 별다른 말 없이 식사를 했다. 식사를 마치고 나서는 엄마에게도 복지 공간에 대해 물었다. 복지 공간이 생긴다면 어떤 공간이었으면 좋겠는지, 생긴다면 방문 의향이 있는지. 놀랍게도 엄마는 낮에 만났던 아주머니와 비슷한 대답을 내놓았다. "언제 그런 델 가."

　왜 이런 대답이 나오는 걸까. 엄마는 다정하고 따뜻한 사람인데. 사람을 좋아하는 사람인데. 머리가 복잡해졌다. 그러다 문득 어쩌면 모르기 때문이 아닐까, 하는 생각이 들었다. 모르니까. 한 번도 그런 공간을 가져본 적이 없으니까. 가져본 적이 없으니 필요한 줄도 모르는 게 아닐까. 나는 안다. 내 공간을 누려봤기 때문에 개인 공간의 소중함을 알고, 그래서 공간에 대한 간절함이 있다. 아지트를 가져보았으니 특별한 장소의 힘을 알고 있고, 그런 장소에 대한 갈망을 가지고 있다. 엄마는 단 한 번도 엄마의 공간을 가져본 적이 없었다. 아지트가 있을 리 만무했다. 누려본 적 없으니 좋은 줄도 모르고, 당연히 필요도 느끼지 못하는 것이라는 생각이 점점 커지면서 비로소 공간에 대한 방향성이 잡히기 시작했다. 엄마의 방, 엄마의 쉼터, 엄마의 아지트. For-rest는 For-mother의 공간으로 정했다.

'주부'라는 사각지대에
공간을 만들다

대상을 정하니 반은 끝낸 기분이었다. 무엇보다 질문이 명료해졌다. 인터뷰 대상도 구체화 됐다. 보이는 모든 사람들에서 이용 타깃층, 즉 개봉2동의 어머니들에게 다가가 질의를 요청했다. 그리고 그들에게 진짜 필요한 게 무엇인지 조사했다. 평소 여가시간엔 무얼 하는지, 그때 부족하거나 좀 더 필요한 것은 없는지, 염려되는 것은 무엇인지, 정보를 받아볼 수 있다면 원하는 것이 무엇인지.

그렇게 발품을 팔고, 여러 매체를 통한 추가 자료조사를 통해 개봉2동이 구로구의 다른 지역에 비해 인구변화 비율이 높다는 것을 알 수 있었다. 또한 유아증감률이 타지역에 비해 높은 것으로 보아 새로 유입되는 사람들이 대부분 신혼부부임을 추측해낼 수 있었다. 주변보다 집값이 저렴해서 신혼부부의 임시거주지 역할을 하고 있었던 것이다. 그래서 개봉구 인구 연령층은 60대 이상 노인들이 24.39%로 대다수를 차지하며, 그다음으로 30대(16.27%)가 뒤를 이었다. 즉, 젊은 엄마들도 상당히 많았다. 자연스럽게 어린아이들도 많아서 대상지 주변으로 어린이집과 유치원이 많이 분포되어 있었다. 그럼에도 불구하고 대부분 어린이집 정원이 가득 차 있어, 언제나 부족한 실정이었다.

어린아이들의 엄마들은 주로 아이의 어린이집 등·하원 시간에 맞춰 움직였는데, 아이가 어린이집에 있는 시간이면 도서관에 가거나 카페에 간다고 했다. 딱히 갈만한 곳이 없는데, 그때마다 카페에 갈 수는 없기 때문이라고.

이러한 기본 정보를 바탕으로 마스터플랜을 설정했다.
첫째, 작은 숲 아지트 For-rest는 자기계발을 위한 모임 공간이다. 대부분 저층 주거지역 상황이 비슷하겠지만, 지역 커뮤니티 공간과 프로그램 제공은 큰 공공시설이나 비용을 지불해야하는 공간에서 이루어진다. 하지만 주민 대다수는 이런 지역 프로그램에 참여하지 않는다. 특히 어린이나 노년층을 위한 복지 공간은 마련되어있는 한편, 주부들을 위한 복지 공간은 찾아보기 어려운 정도다. 공간복지에 있어 '주부' 자체가 하나의 사각지대가 될 수 있다. 그러므로 작은 숲 아지트는 주부들을 대상으로, 주부들이 편하게 자기계발을 할 수 있도록 공간을 제공한다.

둘째, 작은 숲 아지트 For-rest는 주민이 운영하는 아지트 공간이다. 작은 숲 아지트를 이용하면서 형성되는 주민 연락망을 통해, 공간 운영자를 선정하여 작은 숲 아지트를 공동으로 운영한다. 주민이 직접 운영함으로써 마을 공동시설에 대한 가치를 향상하고, 공간을 더욱 효율적으로 사용할 수 있도록 이끈다.

셋째, 작은 숲 아지트 For-rest는 커뮤니티 형성을 활성화하는 공간이다. 커뮤니티는 집 밖으로 나가는 것부터 시작한다고 할 수 있다. 아지트를 이용할 수 있는 대상이 정해진만큼, 공감대를 형성할 수 있는 주부들끼리 유대감을 형성하고 친목을 도모하며 커뮤니티를 활성화한다.

넷째, 작은 숲 아지트 For-rest는 단순히 공간에서 그치지 않고 지역 프로그램과 연계하여 다양한 교육의 장이 된다. 개봉2동에서는 여러 가지 교육프로그램을 운영 중이다. 프로그램 운영 장소를 아지트로 설정하여, 지역 커뮤니티 시설에 대한 진입장벽을 낮추고 나아가 주민들이 양질의 지역프로그램에 참여할 수 있도록 연결한다. 이는 지역 맞춤형 생활 SOC 공간을 통해 단계별로 주민들의 커뮤니티를 활성화하기 위함이다.

공간계획부터 차근차근

먼저 공간계획에 돌입했다. 다른 팀들의 대상지와 비교해서 공간이 협소했기

때문에 설계할 때 가장 고려했던 점은 공간을 최대한 넓게 사용할 수 있는 방법
이었다. 따라서 한정된 공간을 넓고 쾌적하게 사용할 수 있도록 주 사용공간인
다과공간에 1인용 소파와 개인 접이식 책상을 사용한 좌식공간을 계획했다. 하
지만 이는 가구를 구매하는 단계에서 모임이나 자기계발 등의 활동을 할 때 공
간의 분위기가 어수선하고 활용도도 떨어질 수 있다는 피드백을 받고 6인용 테
이블로 수정했다. 관리자 공간은 공간운영을 위한 회의가 이루어지는 공간이
어서, 다과공간과 달리 약간의 사무 공간 느낌이 날 수 있도록 구상했다.

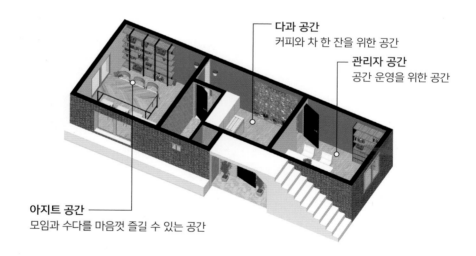

다과 공간
커피와 차 한 잔을 위한 공간

관리자 공간
공간 운영을 위한 공간

아지트 공간
모임과 수다를 마음껏 즐길 수 있는 공간

6

7

6. For-rest의 작은 숲 아지트
   공간 계획
7. 커피와 차 한잔을 위한 공간
   (다과 공간)

한편 아지트라는 공간의 성격을 잘 드러내기 위해 내부로 들어올 때 외부와 전혀 다른 분위기를 연출하고 싶었다. 이에 현관 앞 벽면에 플랜트 패널 설치를 계획하고, 실내에도 정원의 느낌이 날 수 있도록 포인트 색을 넣기로 했다.

현관문에서 바로 보이는 부엌은 깨끗한 느낌을 줄 수 있도록 밝은 계열의 색상으로 계획했다. 화장실에는 변기와 낮은 높이의 수도만 있었으나, 구성에 비해 넓은 면적을 가지고 있었기에 편하게 손을 씻을 수 있도록 세면대를 추가로 계획했다.

내 시공(時空) 속
펼쳐진 본격 시공(施工)

이를 바탕으로 본격적인 시공에 들어갔다. 시공은 나에게도 새로운 경험이었다. 그동안 건축계획전공으로 프로젝트만 참여했기 때문에 건축주로서의 경험은 없었다. 게다가 내가 계획한 공간을 시공업체와 협의하면서 진행하다니. 귀한 경험 앞에서 다소 들뜨기도 했다. 현장 소장님과 대상지의 상황, 시공 계획 과정, 공사를 시작할 때 우려되는 사항 등을 공유하고 작업에 들어갔다. 우리는 먼저 대상지의 낙후된 외관 분위기를 개선하는 데 집중하기로 했다.

자세히 들여다보지 않으면 공간을 찾아보기 어렵기 때문에 건물의 다른 입구와 차별성을 두어 인지를 높여야 했다. 현장에서 밝은 색상의 페인트를 칠하고, 계단 및 창고를 허물어 답답한 느낌을 줄이기로 했다. 이에 따라 숨어있는 아지트여도 찾아오기 쉽고 쾌적함을 느낄 수 있도록 주변의 적색 벽돌과 차양 역할을 하는 윗집의 계단을 흰색 페인트로 칠했다. 현관문은 원래 베이지색 색상으로 계획했으나, 벽돌을 밝은색으로 칠했으니 현관문은 검은색이 어떠냐는 소장님의 의견을 받아들였다. 그 후 벽과 천장에 담쟁이 넝쿨 조화를 붙여 몇 발자국 떨어진 정원에서 이어지는 느낌을 만들었다. 이것의 연장선으로, 내부 공간의 인테리어도 정원의 느낌이 날 수 있도록 조성했다. 현관으로 들어오자 마자 마주할 수 있는 플랜트 월과, 방마다 녹색 포인트 월을 만들었고, 화분을 들여놓았다.

바닥의 경우 새로 미장을 했다. 주택이 지어질 때부터 바닥 시공이 잘못되어 단차가 전혀 맞지 않는 상태였기 때문에 평평한 바닥에만 시공할 수 있는 강판을 깔 수 있는 상황이 아니었다. 그래서 바닥 미장을 새로 하여 수평을 맞추고, 그래도 단차가 맞지 않는 방은 문틀을 기준으로 방별 단차를 조금씩 다르게 하여 공간별로 강판을 시공했다.

8

8. 대상지 외관 및 현관 After. 몇 발자국 떨어진 정원에서 이어지는 공간으로 연출

화장실은 타일을 교체하고 세면대를 설치하도록 계획했는데, 막상 현장 상황을 보니 타일만 바꿀 것이 아니라 아예 새로 공사를 해야 하는 상황이었다. 타일을 걷어냈더니 위층 화장실 물이 벽을 타고 내려오고 있었다. 그래서 기존에 계획했던 대로 시공하는 것은 불가능했다. 결국 전부 걷어내고 수도와 바닥부터 공사를 새로 시작했다.

9

9. 주방과 거실 After

처음 대상지를 둘러보았을 때, 가장 난감했던 부엌의 경우 좀 더 신경을 썼다. 아무래도 주부님들이 이용할 공간이다 보니 부엌이 청결하고 사용하기 편리해야 할 것 같았다. 현관문과 부엌의 거리가 1m도 안 될 만큼 가깝게 있어 부엌 수납장은 최대한 답답한 느낌을 주지 않는 디자인으로 선택하려고 노력했다. 처음에는 통일감을 주기 위해 현관문에 맞춰 짙은 색감의 수납장을 설치할까 생각했지만, 좁은 공간이 더 좁아 보일 수 있을 것 같았다. 그래서 과감하게 흰색으로 설치했더니, 복지 공간이라기엔 너무 가정집 같았다. 더군다나 지나치게 밝은 백색 조명 때문에 녹색 포인트 월을 제외한 나머지 흰색 벽지가 더욱 강조되는 느낌이었다. 이미 시공한 부분을 모두 바꿀 수는 없더라도 조금 특별한 공간에 온 것 같은 느낌을 줄 수 있도록 부분 수정을 하고 싶었다. 결국 인테리어 조명을 새로 설치하기로 했다. 예산이 빠듯했지만, 튜터분들이 추천해주신 상향스탠드 조명과 주황색 LED 천장 조명을 사서 설치했더니 그 전보다 훨씬 아늑한 느낌을 연출할 수 있었다.

현관 입구는 기존에 구획되어 있던 현관 내부의 크기는 살리되, 타일을 새로 깔았다. 여기에 새 신발장을 넣었다. 사람이 많이 오더라도 공간이 깨끗하게 유지될 수 있도록 하기 위함이었다.

사용자를 생각한
가구 구매

실내 인테리어가 마무리에 접어들었을 때부터는 가구 구매를 시작했다. 언뜻 가구를 구매는 쉬워 보였는데, 막상 고르려니 고려해야 할 사항이 한둘이 아니었다. 사용자의 입장에서 생각하면 늘 결과가 바뀌었다. 예를 들어 복지 공간은 주로 노인과 어린아이를 대상으로 하므로 좌식 구조가 많은데, 주부님들을 위한 공간은 달랐다. 당초 공간을 최대한 넓게 사용하기 위해 1인용 소파와 개인 접이식 책상을 사용한 좌식 공간으로 계획했는데, 그 경우 모임이나 자기계발 등의 활동을 할 때 공간의 분위기가 어수선하고 활용도가 떨어질 수 있다는 조언을 받아 6인용 테이블을 들여놓았다. 관리자 공간 역시 사무공간이면서 동시에 아지트 운영자들이 자유롭고 편안하게 회의를 할 수 있는 공간으로도 사용할 수 있어야 했기에 4인용 책상과 수납장이 있는 책장을 배치했다. 인테리어 가구를 고르고 구매하고 배치하는 내내 타인이 사용할 물건을 고르면서 사용할 사람들을 생각하며 구매했던 적이 있었나, 하는 생각을 했다. 그리고 엄마는 늘 그랬다는 생각을 했다. 주기만 하는 마음 같아서 어쩐지 찡해졌고, 아지트에서만큼은, 개봉2동의 모든 어머니들이 자기 자신을 가장 먼저 챙기는 시간이 되었으면 하는 바람이 간절해졌다.

끝남은
완성과 다르다

우여곡절 끝에 완성된 아지트를 보고 있자니 감회가 새로웠다. 하겠다고 마음을 먹고 나서도 과연 할 수 있을까, 자주 겁이 났다. 사실 공사가 끝난 것이지 진정한 의미의 완성은 아니었다. 앞으로 아지트에 찾아오고, 아지트를 채우는 분들이 하나하나 맞춰나가는 것, 그분들의 흔적이 담기는 것, 그것이 진정한 완성일 것이다.

그래도 일단 공사가 끝났으니, 다음 스텝을 진행해야 했다. 공간이 원활하게 운영될 수 있도록 운영자를 구해야 했다. 그리고 세부적인 인테리어도 진행해야 했다. 다행히 지인으로부터 초기 운영자를 소개받을 수 있었다. 아지트에서

20분 거리에 사시는 주부님께서는 공간복지 프로그램에 관심이 있었다며, 흔쾌히 제안을 받아들이셨다. 또한 아이들 교육에 관심을 가지고 여러 활동을 하던 동료도 합류하여, 아지트에서 열리는 프로그램이나 콘텐츠 기획을 돕기로 했다.

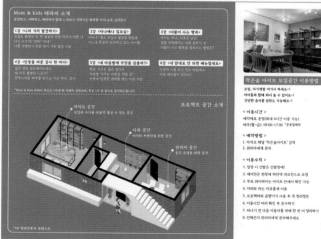

10. 작은 숲 아지트 홍보 리플렛
    시안(앞, 뒤)

우리는 먼저 공간에 대한 홍보를 하기로 했다. 온라인 홍보로는 인스타그램 계정과 오픈채팅방을 만드는 것으로 시작했다. 문제는 오프라인이었다. 홍보할 수 있는 매체가 거의 없어서 일단 발품을 파는 수밖에 없었다. 먼저 어린이집 등·하원 시간에 맞춰 어린이집 근처로 찾아갔다. 하지만 코로나19로 인해 외부인에 대한 경계가 극도로 심해서 홍보가 만만치 않았다. 사정을 알기에 더 요구하기도 어려웠다. 몇몇 원장님들과 면담할 기회를 얻었지만, 그마저도 제한된 환경에서 대화를 나누었기 때문에 상세한 홍보를 하기에는 어려움이 따랐다. 그래도 그중 취지가 좋다며 원생 어머님들께 전달해주겠다고 하시는 원장님도 계셨다.

개봉2동 주민센터에도 찾아갔는데, 통장님과 미팅을 할 수 있었다. 통장님은 개봉동 주민들을 위한 공간이 생겼다며 작은 숲 아지트 프로젝트를 응원해주셨고, 통장 회의 때 작은 숲 아지트 For-rest를 홍보해주시겠다고 했다. 게다가 주민센터에 홍보물을 전달하고 포스터를 붙일 수 있게 해주셨다. 현재는 통장님과 반장님을 통해서 공간에 관심 있는 주민들을 찾아보고 있으며, 아지트 매니저를 중심으로 유대감을 형성한 주부님들에게 아지트의 소식을 전하고 있다.

11

11. 동네 주민과 함께한 오픈식

힐링에 중점을 둔 공간!

　　홍보 기간이 끝나고 정식 오픈식이 다가왔을 때는 한여름이었다. 오픈식은 오후 한 시 시작이었지만 오전부터 분주했다. 각종 다과와 음료, 떡 등을 6인용 테이블에 세팅했다. 그날 오시기로 한 분들께서 혹시 필요한 선물이 있냐고 물으셔서 육아 관련된 서적을 부탁드렸더니 정말로 육아 서적을 한가득 가져다주셨다. 무려 열 두 분이나 책을 선물해주셔서 새 책장이 가득 찼다.

　　그 후, SH 관계자분께서 작은 숲 아지트 방송 취재 건으로 연락을 주셨다. 안 그래도 다른 팀에 비해 홍보가 늦어져 이용하시는 분들이 적어 고민하던 차였다. 하지만 아직 운영이 안정권에 접어들지 않았던 터라 방송 출현까지는 조금 부담스러웠다. 그럼에도 작가님께서 자세하게 설명을 주셨고, 그에 따라 근처

12

12. MBC '어쩌다 하루' 취재

에 주민분들을 섭외할 수 있었다. 그렇게 'MBC 어쩌다 하루'를 통해 작은 숲 아지트를 소개할 수 있었다.

촬영이 있던 날, 가장 기억에 남는 장면은 엄마를 따라온 아이였다. 아이는 커다란 카메라에 아랑곳하지 않고 하고 싶은 일들을 했다. 책을 읽고, 간식을 먹고, 촬영팀의 질문에도 해사한 표정으로 곧잘 대답했다. 그 모습을 보고 있자니, 어머님들의 공간에서 어머니가 더 건강하고 행복해지는 만큼 아이들도 더 건강하고 행복하게 자랄 수 있지 않을까, 하는 기대를 하게 되었다.

운영에 합류한 지인을 통해서는 맘&키즈 테라피 강의를 개설했다. 국제마인드교육원 원장님을 통해 커리큘럼이 계획된 수업이었다. 모든 어머니를 위한 공간인 만큼, 꼭 어린아이가 있는 어머님만 대상은 아니었다. 이미 어머니의 어머니가 된 분들도 얼마든지 가능했다. 강의를 앞두고 5일간의 짧은 홍보 기간 때문에 참여하는 사람이 있을까 염려되었는데 다행히 궂은 날씨에도 찾아주신 분들이 계셔서 수업은 성공적으로 이루어졌다. 수업에 참여한 어머님들께서는 너무 좋은 시간이었다고, 꼭 엄마가 아니어도 정말 좋은 수업이 될 것 같다고 말씀해주셨다.

13

13. 작은 숲 아지트에서 진행된
    맘&키즈 테라피 강의

'공간복지'라는
단어의 매력

복지 공간이라는 단어에 매력을 느껴 참가했던 프로젝트가 계획·시공 단계를 거쳐 실질적인 운영을 하는 단계까지 이르는 과정을 겪고 나니 공간의 힘에 대해서 다시금 생각하게 됐다. 대학원 연구실에서 복지 공간 프로젝트를 진행할 때마다 계획으로 끝나는 프로젝트에 아쉬움이 컸는데 이번 프로젝트를 통해 계획부터 운영까지 직접적으로 경험해 볼 수 있어 현장에서만 배울 수 있는 것들, 미처 몰랐던 시선과 감정들에 대해서도 배울 수 있었다.

　코로나19로 인해 여전히 홍보나 공간을 운영에 어려움이 많다. 또한 동네에 없었던 새로운 성격의 공간이기에 찾아오는 주민들의 발걸음도 아직은 어색하다. 하지만 따뜻한 감정을 느껴본 사람들은, 그 감정을 찾아 다시 아지트를 찾아올 거라는 믿음이 있다.

　아이디어를 가지고 계획을 시작한 것이 아니기에 프로젝트를 기획하기까지 너무 많은 시간이 걸렸다. 개봉2동을 알아가는 데에만 한참이 걸렸고, 그로 인해 항상 쫓기듯 진행하여 미숙한 부분이 정말 많았다. 그럼에도 어떻게든 추진할 수 있도록 도와주신 도시공감협동조합건축사사무소, 블랭크건축사사무소와 이러한 기회를 제공해 주신 SH 관계자분들, 그리고 열심히 프로젝트에 임할 수 있도록 마음을 움직여주신 모든 어머님들께 진심으로 감사의 인사를 전하고 싶다.

"저층주거단지는 달라야 하잖아요?"
하우스+X

지역의 이야기를 담아내는 공간을
만들기 위해 단순 디자인을 넘어
건강한 커뮤니티를 설계하다

세 명의 건축학과 학생들로 이루어진 팀이다. 단순히 공간을 디자인하는 것에서 그치지 않고 공간이 실제로 가치 있게 활용되기를 희망하면서 청년건축가 활동에 참여하게 되었다. 그 결과 저층주거단지에서의 복지공간은 어떤 특징을 필요로 하는지, 그곳에 공간을 설계하는 건축가는 어떤 역할을 수행할 수 있는지에 대한 고민을 하며 '종암동 소소한담'을 고안해낼 수 있었다.

저층주거지 커뮤니티 공간은 도시에서 제공하는 일반적인 이벤트 형식의 공간과는 차별화되어야 한다고 생각했다. 따라서 주민들에게 직접적으로 필요하고, 주민들이 쉽게 이용할 수 있는 생활밀착

House+X
(종암동 소소한담)

형의 작은 공간을 구상했다. 더불어 공간
디자인을 넘어, 기획한대로 공간이 사용
될 수 있도록 커뮤니티 형성 과정에 적극
적으로 참여하고자 했다. 건강한 커뮤니
티가 형성된 공간이야말로 지역의 이야
기를 담아내는 공간이 될 것이라 생각하
기 때문이다.

하우스+X팀은 주민들과 접촉을 통해 그
들이 가진 건축적 시각으로 종암동을 재
발견 할 수 있도록 돕는 '동네건축가'로서
의 역할을 톡톡히 해내고 있다.

위치 성북구 종암동 45-136 지하
아이템 종암동에서 발견할 수 있는 가치를 기록하고
그 가치를 보존하기 위한 다각도의 디자인
개선작업 / 공유주방 운영

하우스+X_ House+X
종암동 소소한담

끈끈했던 나머지,
함께가 되다

우리 셋은 설계스튜디오 수업에서 처음 만났다. 건축 설계수업은 수업 외의 작업시간이 많아서 설계에 관심 있는 사람들만 적극적으로 참여하는 경향이 특히 강하다. 남는 사람만 남다보니 자연스럽게 작업실에 오래 남아있으면 서로 안면을 틀수밖에 없었다. 늘 마지막까지 남았던 우리 셋은 함께 저녁 먹는 사이가 되면서 금방 친해졌다. 건축에 대한 공통 관심사가 있어서 대화는 늘 유익하고 즐거웠다. 그 과정에서 자연스럽게 공모전 이야기가 나왔고, 그 중 함께 참여한 첫 공모전이 SH청년건축가 공모전이었다. 감사하게도 좋은 성적을 거두게 되면서 우리는 더욱 끈끈해졌다. 어느덧 여섯 개의 공모전을 함께한 우리는 현재까지도 '스튜디오 아일'이라는 이름으로 함께 활동하고 있다.

공모전 초기 기획 단계에서 우리는 팀명을 '하우스+X'로 지었다. 낡은 주거 건축물(하우스)에 우리가 무엇(X)인가를 더해서 더 좋은 공간을 만들고자 하는 의도를 담은 것이었다.

하지만 실행단계에 이르러서는 생각이 조금 달라졌다. 우리가 하는 일이 단순히 공간을 바꾸는 것에서 그치지 않고, 그 공간을 통해 지역 전체에 긍정적인 영향을 전파할 수 있기를 바랐다. 또한 활동 과정에서 주민 분들을 자주 만나게 되는데, 주민들이 발음하기에 '하우스+X'는 다소 어렵다는 생각이 들었다. 이에 마을 아(衙)에 편안할 일(佚)을 써서 '아일 스튜디오'라고 이름 짓게 됐다. 주변 어르신들께서도 이름이 예쁘고 쉽다며 좋아해주셔서 팀명을 잘 바꾸었다고 생각했다.

하지만 SH에서는 '하우스+X'로 활동을 시작했기 때문에 모두가 우리를 '하우스+X'팀이라 불렀다. 혼선을 줄이고자 SH에서는 초기 기획단계 때의 이름 그대로 '하우스+X'를 사용하고 있다. 그 외에 종암동에서 활동하거나 대외적으로는 '아일 스튜디오'라는 이름으로 활동 중이다.

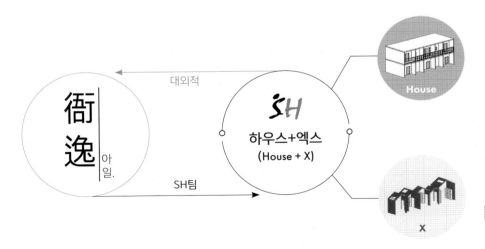

1

1. '아일'과 'House + X' 로고

가려진 담을 넘어 펼쳐지는
소소한 담(談)

공간 기획에 앞서 대상지를 선정할 때 우리가 제일 중요하게 고려한 것은 '적극적인 공간운영'이었다. 프로그램이 끝난 뒤에도 유의미한 공간으로 꾸준히 유지되려면 공간운영 초반에 기반을 튼튼하게 만들어두어야 한다고 생각했다. 그러기 위해서는 우리가 수시로 들여다 볼 수 있는 곳이어야 했다. 우리 모두에게 접근성이 좋은 곳을 찾다보니 재학 중인 대학 인근에 위치한 대상지들을 우선적으로 살펴보게 됐다. 그 중 기획하고자 하는 프로그램과 호응이 가능한지를 살펴보고 최종적으로 종암동 대상지를 선정하게 됐다.

우리 팀의 공간 기획 테마는 '이야기'였다. 공간뿐만 아니라 공간이 속한 동네의 이야기까지 기록하고 싶었다. 기존의 가치 중 사라져가는 것들을 기록하고 덧대어 보전하는 작업이 필요하다고 판단했기 때문이다. 그 시작이, 우리가 기획하는 공간에서 이루어진다면 더할 나위 없이 좋을 것 같았다. 동네가 간직하고 있는 이야기를 아카이빙하고, 방치된 채 낭비되고 있는 공간의 가치를 되찾아주는 것(환경 디자인). 나아가 한정된 주민들만 활용하는 보수적 복지공간이 아닌, 주민 누구나 언제든지 활용할 수 있는 복지 공간을 만드는 것이 이 프로그램에 참여하는 우리의 목표이자 기획의도였다.

이 중 동네이야기를 기록하는 아카이빙과 환경디자인 작업은 주민들과의 소통이 반드시 필요한 작업이었다. 동네 곳곳에 대한 정보가 필요할뿐더러 동의를 구해야하는 일도 많았기 때문이다. 즉, 동네의 소통 창구역할을 할 수 있는 콘텐츠가 필요했다. 이에 복지 공간 프로그램은 '공유주방'과 '커뮤니티 다이닝'으로 기획했다. 공유주방에서 함께 음식을 만들고, 커뮤니티 다이닝에서 이야기를 나누며 음식을 나눠먹을 수 있다.

아카이빙과 환경디자인 작업을 진행하는 도시재생 건축스튜디오(아일)와, 주민들이 상시 활용하는 복지공간이자 아일과 동네의 소통공간인 공유주방으로 전체 프로그램을 구성한 뒤에는 대상지의 이름을 '소소한담(談)'으로 지었다. 종암동의 소소한 이야기를 쌓아간다는 의미다.

기록과
기억의 유통기한

대상지를 살펴보기 이전에 전체 프로그램까지 구상했던 우리는, 실제 프로그램을 운영하는 모습을 떠올리며 대상지를 선정할 수 있었다. 프로그램을 빨리 구상했던 까닭은 우리 모두 기록과 이야기의 가치를 높게 샀고 좋은 이야기는 식탁에서부터 시작된다는 의견에 동의했기 때문이다.

2. 소소한담 내부 간판
3. 대상지 입구, 진입로 경사가
붉은 담을 지나면 '소소한담
(談)'이 펼쳐진다

먼저 기록의 경우, 기억의 유통기한을 늘여준다고 생각했다. 그리고 좋은 아카이빙은 기억을 최대한 왜곡 없이 기록하는 작업이라 생각했다. 따라서 동네 답사를 할 때, 대상지 주변의 기록할만한 공간을 찾아보는 일도 부지런하게 했다.

종암동을 답사할 때 눈에 띄었던 곳 역시 동네의 오랜 역사를 품고 있는 곳이었다. 어르신들이 모여서 장기를 두는 골목이나 노포들. 다양한 시공간이 아무렇지 않은 듯 무심하게 섞여있었다. 그 중 가장 기억에 남는 공간은 20년간 종암동을 지키고 있는 '왕자 문구점'이었다.

왕자 문구점 사장님은 바로 옆 건물에 거주하시며 문구점을 운영하고 계셨다. 오래 운영하다보니 멀리 떨어져있는 마트에 가기 불편한 어르신들께서 건전지 같은 물건을 문구점에서 하나 둘 찾기 시작하셨다. 시간이 흐르면서 자연스럽게 어르신들이 자주 찾는 물건을 더욱 들여놓게 되었고, 점점 더 어르신들이 찾게 됐다. 그러다보니 어린이 손님보다 어르신 손님이 월등하게 많이 찾아오는 독특한 문구점이 됐다. 그곳을 지나며, 우리가 할아버지가 되어도 이 공간이 남아있을까, 그랬으면 좋겠다, 하고 이야기했다.

4. 20년째 운영된 종암동
   '왕자문구'
5. 대로변과 저층주거지 진입로
   사이 공터

오래된 것들에 매력을 느끼고, 그 환경과 정서를 보존하고 싶은 마음이 컸던 터라 최종적으로 종암동을 선택했다. 이로써 우리는 종암동을 기록하고(아카이빙), 종암동을 가꾸고(환경디자인), 종암동을 이야기하는(공유주방, 커뮤니티 다이닝) 소소한담에 한 발 다가섰다.

음식으로 지식을 모은
우리의 방식

아카이빙 이야기로 합을 맞춘 뒤에는 공간의 컨셉을 '커뮤니티 다이닝'과 '주방'으로 잡았다. 공간이 깊숙한 곳에 있어 특별한 주제보다는 일상적인 콘텐츠가 다가오기에 부담 없을 거란 생각에서였다. 돌이켜보면 우리의 인연도 저녁식사에서 시작됐으니까. 함께 작업을 하면서도 사적인 이야기를 제일 많이 나누는 시간은 식사시간이었다. 그리고 때때로 좋은 아이디어는 시시껄렁한 얘기를 나누다가 불현 듯 떠오르기도 했다. 회의를 하다말고 우리는 서로가 인상 깊었던 식사시간에 대해서 이야기를 나눠보기로 했다.

시작은 승준이었다. 승준은 10개월간 아일랜드로 건축여행을 다녀왔다. 그 때 3주 정도 홈스테이 생활을 했는데 아침, 점심, 저녁 매 끼를 챙겨주셨다. 너무 감사했지만 고비가 찾아왔다. 모두 감자요리였기 때문이다. 그런데 감자요리에 물린 어느 날, 더블린 중심상가에서 우연히 대학교 동기를 만났다. 이야기도 별로 나눠보지 않은 사이였지만 타국에서 만나니 너무 반갑고 신기했다. 그 자리에서 이런 저런 이야기를 나누었는데, 다시 감자이야기가 나왔다. 감자. 감자. 감자. 여기가 강원도일까 아일랜드일까. 그런 이야기를 나누다가 한국 음식이 너무 그립다고 말했다. 그러자 동기는 룸메이트가 한국에서 요리를 배웠다며 그날 저녁에 초대를 해주었다. 메뉴는 닭백숙이었다. 그 날 저녁, 오랜만의 한

국음식에 너무 행복했다. 뿐만 아니라 잘 몰랐던 친구에 대해서도 알게 되었고, 친구의 친구에게서 듣는 이야기도 새롭고 흥미로웠다. 긴장이 풀리면서 오랜만에 몸과 마음이 든든해지는 기분이 들었다. 그 후 더블린에서도 종종 한국 친구들을 만나 한국 음식을 만들어먹곤 했다. 요리를 좋아하거나 잘 하는 것도 아니었고, 한식을 특별히 선호하는 편도 아니었는데 약속이 있는 날에는 하루 종일 기분이 좋았다. 그 때 누군가와 함께 음식을 만들고, 그것을 나누어 먹는 일이 얼마나 커다란 힘과 위로가 되는지 알 수 있었다.

래빈 역시 선배에게 초대를 받아 식사를 한 적이 있는데 초면인 분들도 계셔서 어색함이 깔려 있었다. 하지만 함께 식사를 준비하는 과정에서 음식에 관련된 이야기로 물꼬를 트니, 그 다음은 점점 수월해지는 것을 느꼈다. 재료를 손질하고, 담는 과정에서도 이야깃거리가 많이 생겨서 순식간에 분위기가 화기애애해지는 것을 느꼈다.

그런데 거창한 음식을 만들기 위해서는 질 좋은 도구와 재료가 구비되어 있어야 하지 않을까? 하는 물음이 생겼다. 외부 공간을 예약하고 함께 음식을 준비하다 보면, 다들 뭔가 특별한 음식을 만들고 싶어 할 것 같았기 때문이다. 하지만 민종은 함께 먹는 그 자체로도 충분한 가치가 있다고 믿었다.

민종은 지금까지 먹었던 모든 식사 중 군복무시절, 면회시간에 가족과 함께 먹었던 소박한 도시락이 가장 기억에 남는다. 누나는 어릴 적부터 외국에, 아버지는 지방에 거주하셔서 가족이 모두 모이는 일은 정말 어려웠다. 당연히 자대배치 때에도 어머니와 둘이 갔는데 온 가족이 함께 면회를 온 것이다. 6년 만에 가족이 모두 모여서 민종은 좀 얼떨떨하기까지 했다. 10월 하늘 아래 앉아 도시락을 펼치니 소풍을 나온 것도 같았다. 멀리 훈련병들이 야외 훈련받는 소리가 들렸다. 어머니가 "별 건 없어." 하며 샌드위치를 쥐어주었다. 거창한 음식은 아니었지만 서로 이거 먹어, 너도 좀 먹어, 너부터 먹어, 이거랑 같이 먹어, 했던 그 모든 말들, 우물우물 씹으며 맛있네, 하고 웃는 말간 얼굴들. 그 날의 햇빛과 바람의 습도까지 선명하게 기억난다.

　결국 우리는 뭐라도 좋으니 함께 음식을 만들어 먹고, 마음을 나눌 수 있는 공간을 꾸미기로 했다. 소소한담에 오는 모든 사람들이 이곳에서 새로운 이야기를 하나 더 쌓아나갈 수 있도록.

'think'로 바꾼
'sink'

본격적인 시공에 들어가면서 공간을 구체적으로 계획했다. 종암동에서도 두 곳의 대상지가 있었는데, 최종적으로 이곳을 선택한 이유는 주방기구를 설치할 수 있는 싱크대가 바로 있었기 때문이다. 그 양쪽으로 방이 있어, 사무실과 다이닝 공간을 나누기에 적합하다고 생각했다.

　아일 스튜디오의 디자인 작업 사무실은, 주방을 사용하는 주민들과의 소통을 위해서 주방공간과의 경계를 강하지 않게 설정했다. 또한 넓은 창을 통한 채광이 좋아서 창가를 향해 세 명의 팀원이 활용할 수 있는 책상을 설치했다. 다소 좁게 느껴질 수 있어 벽걸이 책장과 벽걸이 화분선반 등을 사용해 공간이 최대

6

6. 주방과 다이닝 시공 전

7

7. 주방과 다이닝 기획 이미지

한 넓어보이게끔 적용했다. 이곳에서는 종암동의 모습을 아카이빙하고, 환경디자인 작업을 진행할 예정이다.

공유주방은 개방 시 지역주민들이 자유롭게 사용할 수 있는 공간이다. 다이닝 행사를 진행할 때 대접할 음식을 조리하기도 한다. 현관 앞 거실 역할을 겸하는 공간이기도 하다. 비교적 창문이 작아 양옆 방들과의 개구부를 최대한 넓게 계획해 개방감을 주도록 했다.

커뮤니티 다이닝은 사무실의 응접실 역할을 수행하는 곳이다. 프로그램을 진행할 때 주민들과 소통해야 하는 경우, 식사 자리에 초대해 조금 더 편안한 분

8~9. 사무실과 다이닝 시공
10. 사무실과 다이닝 공간을
    나눈 공유주방

11. 낮은 층고를 단점이 아닌
특징으로 바꾼 커뮤니티
다이닝

위기에서 이야기를 듣고, 이를 아카이빙과 디자인 과정에 반영할 수 있도록 계획했다. 주방의 규모나 시설 자체는 크게 장점이 있다고 볼 수 없기에 이를 소비할 수 있는 다이닝 공간을 통해 주민들에게 더욱 매력적인 자리를 제공하고자 했다. '종암동을 기록하다(아카이빙)' 작업 결과물을 한쪽 벽면에 전시해 커뮤니티 다이닝 프로그램을 사용하는 주민들에게 전달될 수 있도록 구성했다. 또한 낮은 층고를 단점이 아닌 특징으로 승화시키기 위해 단을 높이고 가운데 구멍을 파서 다리를 넣고 앉을 수 있는 좌식으로 구성했다. 이는 아늑한 느낌을 연출한다. 그렇게 대상지를 고르고 한 달도 채 되지 않아 공간이 완성됐다.

수도관에 엎친 데
코로나19까지 덮쳐

지난 4월 말, 완성된 소소한담 앞에서 우리는 잔뜩 상기되어 있었다. 하지만 곧 현실적인 문제에 부딪치면서 흥분은 차갑게 가라앉았다. 오랫동안 방치된 반지하 주택을 개량해 사용하는 일은 생각보다 훨씬 험난했다. 막연하게 곰팡이가 피었겠지, 습하겠지, 환기가 잘 되지 않겠지, 정도로만 생각했는데 입주하자마자 문제 상황에 당면하게 됐다.

봄이지만 아직 쌀쌀해서 보일러를 틀었더니 수도관이 터진 것이다. 오랜 기간 공실로 방치된 탓에 전혀 관리가 되지 않아 배수관이 낡아버렸기 때문이다. 그 바람에 실내가 온통 물바다가 됐다. 공사한지 얼마 되지 않은 마룻바닥도 걱정이었지만, 당장 공간 운영을 시작하기 위한 가구를 들여놓아야 했기에 빠른 해결이 필요했다. 최대한 빨리 움직였지만 시공사에 연락해 수리하는 데에만 일주일이 소요됐다. 그 사이 흘러나오는 물을 계속해서 닦아내고 습기를 빼기 위해 갖은 노력을 했지만 결국 사무실 마루 일부분이 일어나고 말았다.

한 고비를 넘기고 나니 앞으로 이 공간을 사용하면서 겪게 될 문제들과 실질적으로 운영하면서 맞게 될 상황들에 대해 좀 더 현실적이고 냉정하게 생각하게 됐다.

오픈하고 나서도 몇 가지의 문제 상황과 어려움이 있었다. 무엇보다 예상치 못했던 변수인 코로나19의 타격을 크게 받았다. 소소한담에서 운영하고자 하는 콘텐츠는 기본적으로 함께 음식을 만들어 나눠먹는 것인데 감염률이 높은 전염성 바이러스로 인해 사회적 거리두기를 하는 상황에서 홍보하는 일이 꽤 어려웠다. 탄탄한 커뮤니티가 형성됐다 해도 서로 조심하는 시국에 낯선 주민들과의 식사자리 자체가 부담스러웠다.

12

12. 오픈행사

결국 우려는 현실이 됐다. 5월 20일 오픈식에 주민들을 초대해 함께 식사를 하고 친분을 쌓은 뒤 종암동의 이야기를 듣고자 했지만 다들 꺼려하는 분위기였다. 하는 수 없이 이를 대체하기 위해 입주 떡을 주문했다. 떡을 나눠드리며 직접 주변 주민들을 찾아뵙기로 한 것이다. 이마저도 반응이 싸늘할까봐 걱정을 많이 했는데, 다행이도 주민분들께서 반갑게 맞아주셨다. 우리는 떡과 함께 누구나 이용 가능한 소소한담을 홍보했다. 그리고 돌아와 음식을 만들어서 같은 건물에 사시는 주민 분들께 전달해드렸다. 공간운영을 위한 프로그램 구상 단계부터 가장 걱정스러웠던 부분이 같은 건물 위층 주민들과의 관계였기 때문이다.

진정한 종암동
주민으로

소소한담이 입주한 건물을 총관리 해주시는 분은 같은 건물 가장 위층에 거주하고 계시는데, 한 곳에서 오랜 시간을 지내오셨기에 거주지에 대한 애착이 매우 강해보였다. 그런 분들에게는 외부인이 지속적으로 드나드는 복지공간이 달갑지 않을 것 같았다. 우리팀이 입주하고, 지역주민을 더 적극적으로 불러들이기 위해 간판과 네온 조명을 설치해도 되는지 의논드렸을 때 우려를 표하셨던 것 또한 같은 이유라고 생각한다. 그러나 이런 활동의 필요성을 상세하게 설명 드리자 감사하게도 청년 건축가들이 하고자 하는 일의 취지를 잘 이해해 주시고 응원해주셨다.

그 후 프로그램을 운영하면서도 여러 가지 마찰이 있었다. 가장 대표적인 문제는 쓰레기였다. 지정된 배출장소가 없기 때문에 정해진 날짜, 정해진 시간에 각 대문 앞에 쓰레기를 내놓아야 했다. 공유주방 특성상 음식물 쓰레기와 재활

용 쓰레기가 많이 나왔는데, 초기에 이를 알지 못해 주변 주민분들께서 불만을
표하시기도 했다. 이 후 위층 아주머니께서 친절하게 하나하나 설명해주셨다.
지금은 모두 적응해 주민분들과도 잘 지내고 있으며, 진정한 종암동의 구성원
이 된 것 같은 기분이다.

13. 잘 이해해 주시고 응원해
     주셨던 위층 아주머니
14. 종암동의 고질적인 쓰레기
     처리 문제

현재 소소한담은 가장 기본이 되는 ▲주방 공유공간 ▲지역 주민단체 모임
공간 ▲음식 관련 원데이클래스공간, 그리고 ▲청년건축가 아일의 작업공간
총 네가지의 기능으로 이용되고 있다.

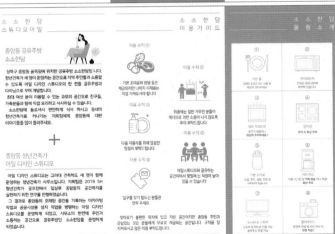

15

15. 공간 안내 리플렛
    (앞, 뒤)

자유롭게 이용하는
프라이빗 다이닝

소소한담의 공유주방은 현재 주 4회 운영하고 있으며 지역 주민들이 편하게 찾
아올 수 있는 평일 낮 12시부터 2시는 자율이용 시간으로 정해두었다. 자율이용
시간에는 청년건축가 중 한명이 자리를 지키고 있으며, 누구든 방문해 주방을
이용하거나 다이닝공간에서 다과를 나누는 등 공간을 이용할 수 있다.

　평일 저녁시간과 주말은 예약제로 운영하고 있어 프라이빗하게 주방과 다이
닝공간을 사용할 수 있다. 기본 조미료와 에어프라이기, 오븐, 커피머신 등 다
양한 주방기구를 자유롭게 이용할 수 있으며 공간대여비가 무료여서 지속적으
로 이용객이 늘고 있는 추세이다. 현재 공간홍보를 위해 소소한담 전용 SNS와
블로그, 리플렛 등으로 홍보하고 있으며 인터넷을 통해 예약 시스템을 갖추고
있다.

16

16. 다이닝 공간 활용 및
　　식사 모습

　기획 당시 자율이용과 예약제를 나눈 까닭은 인터넷을 통해 홍보와 예약을 진행하려고 했기 때문이다. 인터넷으로만 진행했을 때 중, 장년층이 많이 거주하는 종암동의 특성상 지역주민들의 이용 감소가 염려됐다. 실제로 운영을 시작한 이후 주요 유입경로는 인터넷 홍보였으며 가장 많은 이용층은 20대~30대의 청년들로 연인끼리 혹은 친구들의 파티공간 등으로 사용됐다. 자율이용을 통한 중장년층의 공간 이용률은 저조했다. 그래서 지역주민 누구나 접근하기 쉬운 복지공간 개념을 실현하고자 지역주민단체와 협력해 오프라인 홍보를 진행했다. 그 결과 중장년층의 이용 빈도도 점차 잦아졌다.

종종 소소한 담소를
나누다

운영 초반, 인터넷 예약을 통한 젊은 세대로 이용객이 한정되면서 우리는 고민에 빠졌다. 그 과정에서 종암동 주민으로 이루어진 성북문화재단 산하 지역 주민단체 '종종걸음'을 만나게 됐다. 종종걸음은 종암동에서의 다양한 활동을 중심으로 커뮤니티를 형성하고, 이 커뮤니티가 확산되어 지역 활성화하기 위한 활동을 주로 하고 있다.

하지만 코로나19로 인해 인원모집 및 다양한 활동들에 제약이 생겨 종종걸음도 새로운 돌파구가 필요한 상황이었다. 미팅을 해보니 아일 스튜디오에서 진

17

17. 종종걸음과 소소한담의 만남

행하고자 하는 아카이빙 작업이나 환경디자인의 경우, 종종걸음으로부터 많은 자문을 구할 수 있었다. 종종걸음 입장에서는 청년건축가들의 콘텐츠 기획과 디자인 능력을 필요로 했기 때문에 협업을 진행한다면 양측의 이해관계가 모두 충족될 것으로 보였다.

결국 소소한담을 운영하는 '아일 스튜디오'와 종암동 주민단체 '종종걸음'의 협업은 '어떤 종암(과거부터 지금까지 이어지는 종암동은 '어떤 종암'인가? 또, 앞으로 변화될 종암동은 '어떤 종암'인가? 라는 질문에서 시작된 이름)'이라는 프로젝트명으로 협업을 시작했다. '어떤 종암'은 2020년 11월 경 최종 결과물인 종암동 마을 잡지 출간을 목표로 한다. 약 80페이지 분량의 잡지는 다음의 세 가지 챕터로 구성할 예정이다.

18

18. 종종걸음과의 회의

> 가. 종암동의 다양한 오랜 가게
> 오랜 시간 종암동 골목에서 풍경 일부가 된 오랜 가게의 상인들과 인터뷰를 진행해 다양한 관점에서 종암동이 변해온 모습과 흥미로운 이야기를 기록한다.
>
> 나. 종암동 공유주방 소소한담
> 현재 종암동에서 활동하고 있는 아일 스튜디오의 공유주방 소소한담의 이야기를 담는다. 작은 공간에서 어떤 주민 커뮤니티가 생겨나는지, 공유주방이 주민들에게 얼마만큼의 영향력을 끼치는지, 그 모든 과정과 앞으로의 기대효과 등에 대해 이용객들의 후기를 중심으로 작성할 예정이다.
>
> 다. 아일 스튜디오의 공공디자인
> 종암동 골목에 공공디자인 시설물을 설치해 방치된 공간을 유용하게 사용할 수 있도록 한다. 이를 통해 종암동의 변화 모습을 예측하고 이 내용을 담는다.

기록으로 기억하는
'어떤 종암'

현재 '어떤 종암'은, 잡지의 첫 장이 될 아카이빙 작업을 수행하고 있다. 종암동 주민으로 구성된 종종걸음은 종암동 구석구석을 잘 알고 있을 뿐 아니라, 종암동의 과거까지 기억하고 있어 사라져가는 종암동의 가치를 채집하는 작업에 큰 도움을 받고 있다. 나아가 종암동에서 오랫동안 자리를 지킨 노포들을 돌아다니며 인터뷰도 진행하고 있다. 상인들과, 그곳에 찾아오는 단골손님들에게 과거 종암동의 모습과 문화는 어떠했는지, 무엇이 변했고, 어떤 것이 유지되고 있는지 등을 묻고 있다.

그 과정에서 전혀 알지 못했던 종암동의 옛 이야기를 많이 들을 수 있었다. 과거 건어물시장이었던 곳이 통째로 사라져서 직물 공장이 되어버린 이야기부터, 인근 개운산에서부터 시작된 물난리 이야기, 1980년대에 도로정비를 하면

서 가게가 반 토막 나버린 이야기까지. 그런 이야기를 듣고 있으면 꿈을 꾸는 것 같기도 했다. 어릴 적 할머니를 쫓아갔던 동네 마실이나, 그곳에서 보고 들었던 수많은 이야기들이 생각나기도 했다. 그 공간이 마을 정자나 그늘진 골목 어귀가 아니라 어떤 목적을 가진 커다란 공간이었다면 살아있는 이야기가 오고가지 못했을 지도 모른다. 작은 공간에서 작은 커뮤니티가 형성되고, 그 커뮤니티가 단단해지고 점차 확장되어 동네 사람들의 이야기가 모이는 진정한 소통창구가 된 것일지도.

또한 젊은 층에게는 비교적 접근하기 쉬웠던 소소한담이 동네 어르신들에게는 찾아오기 어려운 공간이었는데, 종종걸음의 도움으로 인터넷에 익숙하지 않은 주민들에게도 점차 알려졌다. 그 결과 소소한담의 주민 이용객 수가 늘어가고 있다. 아일 스튜디오의 힘만으로 수행하기 어려운 일을 주민 커뮤니티와 함께 이루어 나가고 있는 것이다.

현재 '어떤 종암'은 책자를 만드는 것에 국한하지 않고 다양한 활동을 하고 있다. 매년 종암동에서 이루어지는 나무이름달기 행사, 성북예술마을만들기 행사 등에 동참해 커뮤니티 형성을 돕고, 아카이빙을 위한 인터뷰를 할 때, 주민들에게 나눠줄 '어떤 종암' 홍보 마스크 스트랩 굿즈도 제작했다. 건축 관련 다큐멘터리에 소소한담의 기획자와 이용자의 입장으로 참여하기도 하며 여러 방면에서 서로를 보완하고 있다.

베이킹으로 메이킹 된
원데이 클래스

종암동 소소한담의 세 번째 활용방안은 원데이 클래스를 진행하는 수업공간이다. 함께 요리하고 음식을 나눠먹는 것이 중심이어서 원데이 클래스 또한 이와 같은 맥락으로 진행할 수 있는 콘텐츠를 찾았다. 다방면으로 알아보던 중 청년 건축가의 지인 중 한분이 공유주방에서 베이킹 클래스를 진행하고 싶다는 의사를 전해왔다. 논의 끝에 주말 낮 시간에 예약제 베이킹 클래스를 진행하며 일정 기간에 걸쳐 지역 주민을 대상으로 하는 클래스도 운영하는 조건으로 공간 대여를 결정했다. 이는 현재까지도 꾸준히 인기를 끌고 있는 콘텐츠다. 수업을 듣기 위해 찾아오셨던 손님이 주방을 이용하기 위해 다시 공간을 찾는 등 선순환이 이루어지고 있으며 공간 홍보에도 좋은 영향을 끼치고 있다. 나아가 반찬 만들기, 바리스타 등 추가 콘텐츠도 진행하기 위해 노력중이며 베이킹 클래스도 연말까지 유지하려고 한다.

아일 스튜디오 작업실은 공유주방 옆방에 자리하고 있다. 작업실은 청년건축가들이 종암동에서 진행하는 마을 활성화 프로젝트의 중심이 되는 공간이다. 현재 종종걸음과 함께 아카이빙 작업공간으로 활용하고 있으며, 공유주방을 운영하기 위한 서류 작업도 진행하고 있다. 건축학과 재학생인 아일팀의 건축 작업 역시 이 공간에서 이루어진다. 또한 앞으로 진행할 작업에서 다양한 분야의 사람들과의 협업도 계획하고 있다. 그들과 공간을 공유해 여러 방면으로 종암동을 활성화 시키는 작업을 하는 공간이 되길 기대한다.

20

20. 주간 베이킹 클래스

21

21. 아일 스튜디오 작업실

가벼운 일상, 편안한 쉼터

소소한담을 운영하면서 느낀 점은 저층주거지 주변에 주민들이 부담 없이 모일 수 있는 공간이 절대적으로 부족하다는 것이었다. 지나가다 들러서 아무렇지 않게 앉아있다 갈 수 있는 공간, 가벼운 일상을 공유할 수 있는 편안한 쉼터 같은 곳이 거의 존재하지 않았다. 종암동 인근에는 종암동 주민센터, 서울예술치유허브, 성북노인복지관 등 다양한 커뮤니티 공간이 있지만, 모두 커다란 스케일로, 이벤트나 행사 공간으로 여겨지기 때문에 일상을 공유하는 데에는 한계가 있다. 그러므로 이용자를 배려한 공간이 훨씬 더 많이 생겨야한다.

사실 저층주거지를 잘 살펴보면 공간 자체가 부족한 것은 아니다. 방치된 채제 역할을 하지 못하고 있는 공간이 너무 많다. 오랫동안 사람이 드나들지 않은 저층주거지나, 옥상, 주차장 등 새롭게 변화할 수 있는 공실을 잘 활용하면 곳곳에 숨어있는 이야기가 모여 또 다른 커뮤니티를 형성할 수 있을 거라 믿는다. 그곳에 모인 이야기는 다시 또 하나의 역사가 될 것이다.

쓰임을 잃어버린
공간을 다시 채우는
공채움

커다란 행복의 가능성이 있다면
실험적인 모험도 기꺼이!
시도는 다음 시도를 이끌어낸다

시간이 흐름에 따라 사람도, 도시도 변한다. 도시는 시시각각 다른 모습으로 변하고 있다. 그리고 그 속도는 점점 빨라지고 있다. 변화의 속도를 미처 따라가지 못한 건물들은 순식간에 방치된다. 공채움은 쓰임을 잃어버린 채 방치된 공간을 다시 채우고 싶었다. 쓸모없는 공간은 없다는 것을 보여주고 싶었다. 그래서 사람들이 무엇을 좋아할지 고민한다. 공간의 쓸모는 그곳을 이용하는 사람으로부터 만들어진다고 믿기 때문이다.

따라서 공간을 이해하기 위해서는 사람의 마음을 들여다보는 일부터 시작해야한다고 생각한다. 이에 공채움은 커다란 행복의 가능성이 있다면 실험적인 모험도 기꺼이 감행하려고 한다. 비록 실패한다하더라도 그 시도는 다음 시도를 이끌어낼 것이다. 그리고 그 다음 시도는 이전 시도보다 반드시 멋질 것이다. 앞으로도 공채움은 쓸모를 잃은 채 방치된 빈 공간들이, 제 역할을 되찾을 수 있도록 행복을 채워나가고 싶다.

위치 양천구 목동 523-29 지하
아이템 가드닝이 필요한 다양한 장비와 공간,
교육 프로그램을 지역주민들에게 제공함으로써
공동의 취미를 가진 지역 커뮤니티를 생성

공채움_
이너가든

봄날, 인어가 사는
정원을 떠올리다

벚꽃이 만개한 봄날, 우리는 브런치 카페에서 처음 만났다. SH청년건축가 공모
전을 위해 교수님께서 마련해주신 자리였다. 어색함을 감추려는 모습이 더 어
색해서 자꾸만 민망한 웃음이 새어나왔다. 그런 분위기를 풀어보고자 와인을
마시며 가벼운 이야기부터 나누었다. 다행히 둘 다 교수님 연구팀 소속으로 교
수님의 영향을 많이 받아, 대학생활의 대부분을 외부 프로젝트로 채웠다는 공
통점이 있었다. 서로 참여했던 프로젝트에 대해 이야기하다보니 어느덧 와인
한 병을 다 비우게 되었다. 대화도 자연스럽게 공모전주제로 흘렀다. 각자 원하
는 방향성에 대한 의견을 공유했는데, 그 과정에서 어린 시절 이야기부터 건축
을 하게 된 계기, 인상 깊었던 프로젝트 등 이야기가 점점 풍성해졌다. 새로운
화제가 나올 때마다 아이디어도 함께 떠올라서 교수님의 즉각적인 피드백까지

받을 수 있었다. 그 날 시간가는 줄 모르고 늦은 시각까지 함께 해서였을까. 이튿날 우리는 오랜 친구처럼 숙취의 고통을 토로하며 다음 약속을 잡았다.

　본격적인 공모전 준비를 위해 다시 만났을 때에는 모든 것이 더 수월하게 흘러갔다. 첫날 방향성과 커다란 아이디어를 잡아놓았기에 구체적인 세부 아이디어와 실행방법에 대해 논의했다. 우리가 첫 만남에서 잡은 방향성은 '자연'이었다. 그래서 공간의 이름도 '이너가든'으로 지었다. 여기에는 '실내정원'이라는 뜻도 있지만, '人語가든', 즉 사람들이 말을 나누는 정원이라는 뜻도 담았다. 우선, 실내정원을 떠올린 것은 식물을 좋아하는 우리의 공통점 때문이었다.

아스팔트 사이를 비집고 나온
유년의 향수

먼저 팀원 현선용의 경우 어린 시절 마당이 있는 단독주택에 살았다. 자연스럽게 하루의 많은 부분을 어머니와 마당을 가꾸며 보냈다. 철마다 피고 지는 식물이 있는가하면, 사시사철 같은 모습으로 제자리에 있는 식물도 있었다. 어머니는 이따금 화관을 만들어 씌워주기도 하셨고, 꽃반지나 꽃목걸이를 만들어주기도 하셨다. 마당에서 키운 채소를 먹기도 하고, 사루비아 꽃잎을 따 꿀을 빨아먹기도 했다. 봉선화 꽃잎을 따서 손톱에 물을 들이기도 하고, 친구들과 소꿉놀이를 하기도 했다. 이 모든 것이 영원처럼 느껴졌다. 마당 밖의 생활은 상상할 수 없었다. 당연히 어느 집에나 잔디와 꽃, 나무가 있다고 생각했다. 어머니에게도 그 긴 시간이 모두 따뜻했던 모양이다. 어느 날부터인가 식물을 더욱 탐구하여 꽃집을 시작하셨다. 어머니가 꽃집을 운영하기 시작한 뒤로는 마당 뿐 아니라 집안 곳곳에도 언제나 식물이 가득했다. 그래서 학업을 위해 도시로 이사하기 전까지, 식물과 함께하는 일상이 당연하다고 생각했다.

하지만 도시로 이사한 날부터, 당연한 것은 하나도 없다는 것을 알게 되었다. 눈만 뜨면 보였던 초록 세상은 눈을 씻고 찾아봐야 했다. 그나마도 회색 콘크리트 건물 사이에 빈약한 나무 몇 그루, 아스팔트 사이를 비집고 나온 잡초 정도였다. 그 때부터 식물과 함께 자랐던 모든 순간을 그리워하게 되었다. 흙냄새, 풀냄새, 나무냄새. 그렇다고 돌아갈 수도 없었다. 그런 일은 혼자 결정할 수 있는 부류의 일이 아니었다. 어쩔 수 없이 마음 한편에 유년의 향수를 간직한 채 도시의 일부분으로 살아가게 되었다. 다만 집안 곳곳에 화분을 두어 그리운 마음을 달래곤 했다. 식물도 물 마실 때가 되면 잎이 축 쳐지곤 하는데, 그런 식물에 물을 주고 앞에 앉아 있는 것이 혼자만의 오랜 취미였다. 물을 주면, 신기하게도 천천히 잎들이 살아났다. 강아지가 축 쳐진 꼬리를 힘껏 올리는 것처럼. 그 모습을 보고 있으면 지친 심신을 다시 움직일 힘이 생겼다.

엄마의 베란다,
나의 부엌

팀원 양지원은, 초등학교 시절 연립주택에 살았다. 그 때, 주택 주민들이 함께 사용하던 조그만 마당이 있었다. 특별히 관리하는 사람은 없었던 것 같은데, 방치된 느낌은커녕 누군가의 소중한 화단 같은 공간이었다. 어느 가을, 어머니 손을 잡고 화단의 봉선화 잎을 땄던 기억이 선명하다. 따온 꽃잎과 이파리를 절구에 빻아 조심조심 손톱에 올리고 비닐로 감싼 뒤 고무줄로 묶고 낮잠에 빠졌다. 눈을 떴을 땐 밤이었다. 손가락이 저렸다. 다진 꽃잎이 비닐 안에서 제멋대로 움직이고 있었다. 고무줄을 푸르고 비닐장갑을 벗은 뒤 손을 씻자 손끝이 주홍색으로 물들어있었다. 저녁 밥상에 앉아 주홍손가락을 자꾸자꾸 쳐다보았다.
   다음 기억은 아파트였다. 아파트에는 주택에서처럼 공동 화단이 없었다. 대신 집 베란다가 식물원이었다. 언제나 베란다에 식물이 가득했다. 한때는 하루의 중요한 일과로 베란다의 식물을 가꾸던 어머니를 보며, 왜 그렇게 식물을 키우실까 궁금했다. 벌레가 꼬일 때나, 집이 좁다고 느껴질 땐 어머니의 취미가 불만스럽기도 했다. 그런데 일어날 힘도 없을 만큼 지쳤던 어느 날, 책상 위의 작은 화분을 보며 어머니가 왜 그렇게 식물을 가꾸셨는지 아주 조금은 알 것도 같았다. 책상에는 어머니가 올려둔 허브나무가 햇빛을 듬뿍 받고 있었다. 침대에 모로 누운 채로, 그 모습을 한동안 지켜보았다. 그렇게 다시 잠이 들었다 일어났을 땐 사방이 캄캄했다. 드디어 배가 고팠고, 일어나 불을 켰다. 베란다에 떠 놓은 물을 화분에 준 뒤, 부엌으로가 물을 한 잔 마셨다. 어릴 적 봉선화 물을 들였던 어느 날처럼, 오래오래 기분 좋은 꿈을 꾼 것 같았다. 밥을 먹으며 괜히 주먹을 쥐었다 펴보고 목도 좌우로 움직여보았다. 새삼 내 몸이 움직이는 게 신기하게 느껴졌다. 다시 힘을 낼 수 있을 것 같았다. 그 뒤로, 자취를 하면서도 늘 화분을 가꿨다. 화분을 가꾼다고 했지만, 실은 식물들이 삶을 가꿔준 것이었다.

말을 나누는 정원,
人語가든

이너가든의 또 다른 의미는 '人語가든', 즉 사람들이 모여 이야기를 나눈다는 뜻이다. 이는 첫 만남의 영향이 컸다. 처음에는 어색했지만, 이야기를 나누면서 서로를 점점 알게 되고, 급기야 잊고 지냈던 기억까지 되살아나는 경험을 하고나니 이야기의 힘이 생각했던 것 보다 훨씬 크다는 것을 느꼈다. 하나의 이야기는 다른 이야기를 몰고 오고, 그 이야기가 다시 또 다른 이야기를 몰고 왔다. 듣고 있으면 소중했던 시간들이 저마다 슬그머니 고개를 내밀었다.

　하지만 단순히 사람이 모여 있다고 해서 매번 이야기가 풍요로워지는 것은 아니라는 것도 알고 있었다. 우리에게도 각자 어색하게 견뎌야했던 많은 순간들이 있었기 때문이다. 우리가 첫 만남부터 긴 시간 즐겁게 대화할 수 있었던 것은, 아마도 따뜻한 분위기와 공통의 관심사가 있었기 때문일 것이다.

　그래서 우리는 공통의 관심사를 가진 사람들이 모일 수 있는 장소를 만들기로 했다. 같은 주제로 이야기를 나누다보면 뒤늦게 찾아온 사람들도 어울릴 수 있는 분위기가 자연스럽게 형성될 것이라 생각했다. 그 자체로 식물과 함께 커다란 위안이 되는 공간이 될 수 있을 것 같았다.

　대상지를 본격적으로 둘러보기 전에, 사전답사를 위해 목2동을 찾았을 때, 눈에 띄었던 특징 역시 식물이었다. 주택 앞 골목, 마당, 계단 등 공간이 있는 곳에는 항상 식물이 있었다. 정확한 품종은 모르겠지만, 애정 어린 보살핌을 받고 있는 것이 분명해 보이는 각양각색의 식물들이 저마다 한 자리씩 차지하고 있는 모습을 보고, 이곳 주민들 역시 식물에 대한 이야기라면 오래오래 이야기를 나눌 수 있을 거라 확신했다.

역세권 도보 5분
거리의 곰팡이

팀원 두 사람 모두 식물에 대한 애정과 식물이 가진 힘에 대한 믿음이 있어서 식물을 테마로 공간을 구성하자는 의견에는 이견이 없었다. 하지만 SH청년건축가 프로젝트가 저층주거지를 대상으로 진행한다는 점에서 식물을 가꿀 수 있는 공간으로 꾸밀 수 있을지에 대한 염려가 수반되었다. 환경이 너무 열악하다면, 다른 방향성도 고민해야했기 때문이다. 기대와 걱정을 안고서 일단 대상지를 방문해보기로 했다. 우리의 대상지는 목동 523-29번지였다. 9호선 급행역인 염창역에서 도보로 5분 거리에 위치해 대상지로 나온 다른 사이트에 비해

교통이 편리한 이점이 있었다. 또한 비교적 대형 상권이 인근에 위치해있어 대상지로 가는 발걸음에 점점 힘이 실렸다.

　하지만 막상 대상지 앞에 서니 만만한 작업이 아니라는 생각이 들었다. 학부생 신분으로 연구생 활동을 하며 답사 차 서울의 저층주거지를 방문한 적이 몇 번 있었지만 건물 내부를 면밀히 관찰해본 적은 이번이 처음이었다. 그동안 막연하게 생각했던 작업 과정들을 직접 눈으로 본 것이다. 어떤 구조물이 어떻게 위치하고 있는지 체크해야 했고, 단순히 철거할 수 있는 구조물인지, 철거했을

1

1. 대상지 전경

2

2. 외간, 하얀 철문,
방치된 앞마당

때 다른 문제가 발생하지는 않는지도 체크해야했다. 곰팡이의 경우 얼마나, 어
느 정도로 번져있는지, 어디까지 번져있는지 세세하게 따져 보아야했다. 알고
있는 정보라 해도, 생각만 하는 것과 직접 보고 경험하는 것은 비교할 수 없을
만큼 커다란 차이가 있다는 것을 대상지를 둘러보며 다시금 깨달았다.

    대상지에는 녹슬어있는 하얀 대문이 있었다. 대문에는 잠금장치가 달려 있었
는데, 열 때마다 듣기 힘든 쇳소리를 냈다. 대문을 열고 들어서면 사람 키만 한
잡초가 뒤덮인 앞마당이 나왔다. 곳곳이 깨진 콘크리트 때문에 바닥이 울퉁불

통해서 마당이라기보다 공사장 같은 인상이었다. 거기까지만 보아도 대상지가 오랫동안 방치된 공간이라는 것을 알 수 있었다.

우리는 실내로 들어갔다. 두 개의 측창을 통해 불 꺼진 건물 안으로 희미하게 빛이 들어오고 있었다. 하지만 건물 내부가 어떤 상태인지 살펴볼 수 있을 만큼 충분한 양은 아니었다. 대상지는 세 개의 방과 하나의 화장실로 이루어진 구조였다. 빛을 비춰보니, 방의 벽지는 모두 곰팡이로 덮인 상태였다. 그나마 채광이 가능한 두 개의 방은 짐작했던 수준이었는데, 볕이 전혀 들지 않는 구석방은 방 안으로 진입하기조차 힘들 정도로 벽면 전체가 곰팡이로 덮여있었다. 흡사 곰팡이에 벽지가 녹은 것 같기도 했다. 얼마나 오랫동안 방치된 공간인지는 알 수 없으나 실내 곳곳에 거미가 진을 치고 있었고, 마스크를 쓰고도 습기와 곰팡이로 인해 숨 쉬는 것이 어려웠다.

우리는 밖으로 나왔다. 순항하던 프로젝트가 잠시 길을 잃은 것 같았다. 서로 잠시 말이 없었다. 그렇다고 언제까지 가만히 있을 수는 없었다. 우리는 이 공간의 장점을 찾아보기로 했다. 어차피 대상지로 나온 사이트는 모두 저층 주거지일 테고, 정도의 차이는 있겠지만 비슷비슷한 상황일 테니 여기에서 어떻게 개선해나가야 하는지, 그래도 어느 점이 희망적인 부분인지를 정리해보기로 한 것이다.

그렇게 해서 우리가 뽑은 대상지의 장점은 다음과 같다. 첫째, 주택 내부 공간 외에도 사용할 수 있는 앞마당이 있다는 것. 둘째, 반지하이지만 볕이 드는 두 개의 방이 있다는 점. 셋째, 화장실의 상태가 비교적 양호하다는 점.

장점을 정리하고서 우리는 이곳이 식물을 키울 수 있는 환경일까에 대해 고민했다. 아주 좋은 환경은 아니겠지만, 전혀 불가능해 보이지도 않는다는 것이 최종적인 결론이었다. 아주 조금의 가능성이 있다면, 그 씨앗을 심어 우리가 싹을 틔워보자고. 그렇게 우리는 이너가든에 한 발자국 발을 내딛었다.

3

4

3. 곰팡이가 찬 엣지방
4. 볕이 들고 있는 두 개의 방

깨진 콘크리트
틈새 희망

대상지 선정 후 우리는 대상지의 가능성을 좀 더 구체적으로 논의했다. 단점을 보완하는 것도 중요하지만 장점을 놓치지 않고 최대한 살리고 싶었기 때문이다. 대상지 내부의 특징과 대상지를 둘러싸고 있는 주변의 특징을 살피며 대상지의 장점을 종합적으로 체크했다.

먼저 넓은 개인 마당이 있다는 점은 커다란 장점이었다. 서울주택도시공사에서 제시한 많은 사이트 중 목2동 대상지는 유일하게 개인 마당을 가지고 있었다. 처음 대상지를 방문했을 때에는 깨진 콘크리트 사이로 방치된 채 무성하게 자란 식물과 쓰레기더미 때문에 진입하는 것이 어려웠다. 하지만 가지치기를 하고, 바닥을 재정비한다면 충분히 넓은 면적의 공간을 확보할 수 있을 것으로 보였다. 실내 공간 외의 추가적인 개별 공간은 추후 야외 프로그램 등 다양한 용도로 활용할 수 있을 것이다.

게다가 마당은 지상입구여서 대상지의 반은 지상층과 다름없었다. 즉, 화장실이나 창이 없는 가장 끝 방의 경우 먹방이 될 수밖에 없었지만, 출입구나 거실은 마당과 근접했기 때문에 1층에서 들어가는 것과 마찬가지였다. 이로 인해 입구에서의 반지하 느낌을 줄일 수 있을 것으로 보였다.

두 번째로, 지하출입구는 개별출입구다. 대상지는 지하1층, 지상 4층(옥탑)의 빌라다. 보통의 경우 모든 세대가 공동으로 출입구를 사용하지만, 대상지의 경우 지상층 출입구와 지하층 출입구가 철저하게 분리되어 있었다. 이 점을 효과적으로 살리면 공간 활용에 도움이 될 것 같았다. 분리된 입구는 공간 방문객의 동선과 지상층에 거주하는 주민들의 동선이 겹치지 않는다는 것을 의미하므로 기존 주민들의 공간에 피해를 최소화 하며 프로젝트를 진행할 수 있을 것으로 보였다. 또한 공간 지속적인 공간 운영에 있어서도 독립적인 공간으로 성장할 수 있는 조건이라 생각했다. 출입구와 마당을 잘 연결하면 언제든지 방문객이 쉽게 오고갈 수 있을 거란 기대감도 생겼다.

세 번째는 접근성이 좋다는 것이었다. 대상지 인근에는 공항대로와 9호선 염창역이 위치해 있다. 공항대로에서부터 접근성도 뛰어나 자가용, 택시 등을 이용할 경우에도 접근이 수월하다. 이는 물건 운반 및 야외활동 등을 진행할 때 커다란 장점으로 작용할 것이었다.

9호선 염창역 근처라는 점도 커다란 이점이다. 역에서 대상지까지는 도보로 약 5분정도가 소요된다. 게다가 염창역에는 일반열차 뿐만 아니라 급행열차도 정차하기 때문에 조금 먼 곳에서 오더라도 비교적 덜 부담될 것으로 보였다. 뛰어난 접근성은 추후 프로그램 운영 시 그 효과가 더욱 잘 드러날 것이다.

네 번째는 인근 도시적 자산이다. 대상지 주변에는 다양한 자산이 존재했다. 전통시장과 현대시장이 어우러진 목2동 시장, 다양한 스튜디오 공방, 아이들이 뛰노는 양화초등학교, 그리고 도심 속 대자연인 용왕산 등이다.

다양한 도시적 자산을 통하여 목2동에는 청년층부터 젊은 부부, 어르신들까지 다양한 연령층의 주민들이 살고 있다는 결과를 도출해낼 수 있었다. 첫 사전 조사 때에는 젊은층이 많은 것으로 조사되었으나, 젊은층의 경우 대부분 퇴근 이후의 시간에만 참여할 수 있어서 낮 시간에 운영하는 공간방문율은 중장년층과 비슷할 것으로 판단되었다. 이에 특정 연령층이 아닌 올라운드형 프로그램을 제시하는 것으로 방향을 잡았다.

마지막으로 주민 취미를 들 수 있었다. 대상지 골목에 들어서면 제일 먼저 눈에 띄는 풍경이 집 앞 식물이다. 주택가 골목을 따라 담장을 타고 자라는 식물부터 고무대야에 키우는 꽃, 스티로폼 박스 안에 심은 각종 채소는 식물원을 연상시킨다. 볕이 좋은 날에는 골목을 조금만 돌아다녀도 식물을 가꾸고 있는 주민들을 쉽게 볼 수 있었다. 이미 취미생활을 갖고 계신 주민들을 보며 주민 스스로 아름다운 골목을 만들고 있다는 점이 대상지의 커다란 장점으로 작용할 거라 생각했다.

한지붕 네 공간,
'콰트로 쉼터'

우리는 계속해서 답사를 이어나갔다. 그렇다면 주민들이 필요로 하는 공간은 어떤 공간일까? 주민인터뷰 결과 주민들은 '쉼터'같은 공간을 원했다. 목2동에는 공원도 없고, 대상지 인근 기준으로 주민 센터도 멀었다. 그래서 대다수의 주민들이 '그냥 앉아서 이야기 나누며 쉴 공간'이 있었으면 좋겠다고 답했다.

이를 반영하여 단순하게 식물을 키우는 공간이 아니라 주민들이 모여 이야기를 나누면서 기존에 키우던 식물의 분갈이나 식물 나눔 등의 시간을 가질 수 있도록 방향을 구체화했다. 즉, 식물공간이면서 휴식공간을 제공하기로 했다. 개별적으로 식물을 가꾸고 있는 주민들은 분갈이 및 식물을 관리할 수 있는 공간으로, 처음 접해보는 주민들은 새로운 취미를 접할 기회를 갖는 공간으로, 서로의 정보를 공유하기도 하고 가꿔놓은 식물을 편안하게 감상하기만 해도 되는 모두의 공간으로.

이를 바탕으로 2019년 11월, 본격적인 설계단계에 돌입했다. 여름에 실측한 도면을 기준으로 각 공간마다 스케치를 하며 세부적인 공간디자인을 시작했다. 설계과정은 매우 즐거웠다. 바나나잎이나 야자 등을 밀도 있게 채워 실내를 열대우림처럼 꾸며보자는 아이디어나, 아마존 느낌을 내보자는 아이디어, 반지하니까 아예 외벽을 허물어서 야외공간을 만들자는 아이디어도 나왔다. 더 재미있고 실험적인 공간이 나올 수도 있었겠지만 예산 및 현실가능성에 대한 문제로 인해 아쉽게 일부만 적용하기로 했다.

이렇게 결정된 이너가든 공간은 네 구역으로 나뉘었다. 우리는 네 공간의 설계를 모두 다른 콰트로 컨셉으로 진행했다.

먼저 측창이 있는 두 개의 방 중 큰 방의 이름은 '메인가든'으로 정했다. 메인가든은 열대우림 컨셉을 가진 분갈이 공간이다. 식물을 심으면서 주민들의 분갈이 영역도 확보해야했기에 가장 집중해서 설계한 부분은 커다란 화단이었다. 다양한 관엽 식물을 직접 토양에 심기 위해 토양의 종류부터 깊이, 물 빠짐 구배 등을 종합적으로 고려하여 설계를 진행했다. 화단은 분갈이에 용이하도록 성인 배꼽높이로 설계했으며, 토양의 하중을 견딜 수 있도록 두꺼운 콘크리트 블록과 시멘트몰탈 등의 강한 재료를 사용했다. 내부에도 아래층 콘크리트 구배부터 투꺼운 자갈, 미세한 자갈, 모래 순으로 설계하여 토양의 훼손을 방지하고자 했다. 또한 공간의 체적을 넓어보이게 하고자 화단 벽에는 커다란 거울을 설치했다. 내부 마감은 석고보드에 초록계열 페인트를 도포하여 식물 공간의 임팩트를 더하기로 했다.

다음으로 측창이 있는 작은 방은 '서브가든'이라는 이름을 지어주었다. 서브가든은 중동을 컨셉으로 잡았다. 이에 선인장 및 다육식물로 화단을 채우기로 했다. 이 때 선인장이나 다육식물의 경우, 직접 심지 않고 화분에 심어 화단에 올려놓는 방식을 택했다. 또한 선인장으로부터의 부상 위험을 방지하기 위하여 분갈이는 제한하고, 공간과 분위기에만 집중하기로 했다. 이에 천장에는 하얀 레이스를 설치하여 중동 분위기를 한껏 고조시키고, 분홍색 페인트로 마감하여 조명을 비추었을 때 따뜻한 실내 느낌을 줄 수 있도록 계획했다. 화단 구조와 재료, 화단벽 거울은 메인가든과 동일하게 적용하기로 했다.

거실은 쇼룸과 재료창고로 쓰기로 했다. 간단한 분갈이장소 및 다육식물 쇼

5

6

5. 시공 완료된 메인가든
6. 시공 완료된 서브가든

룸으로 계획했으며, 공채움 디자이너들이 각자 제안하는 다육식물전시를 진행하기 위해 넓은 나무판과 철프레임을 설치하기로 했다. 거실장 하부에는 철프레임을 단위마다 설치하여 분갈이를 위한 삽, 장갑, 원예가위, 물조리개, 식물영양제 등 각종 재료창고로 쓸 수 있도록 했다. 이는 이너가든을 찾는 주민들에게 소규모 분갈이 재료와 장비를 제공하고자하는 목적에서 계획한 설계다.

기존에 먹방이었던 방은 '엣지방'이라는 이름의 회의실로 설계했다. 이 방은 벽면 한쪽이 사선인 형태로, 특이한 구조였다. 주민 모임 및 회의실로 사용하기 위하여 공간에 맞는 커다란 책상이 필요했는데, 공간을 효율적으로 사용하면서 공간 고유의 느낌을 살리고 싶어 기울어진 벽면에 맞게 책상을 주문제작하기로 했다. 한편, 창이 없어 소리가 과하게 울리는 문제가 있어 미닫이문은 제거하기로 결정했다. 또한 석고보드를 사용하여 울림현상을 완화하고자 했다.

7   8

7. 거실의 미니 화단
8. 시공 완료된 엣지방

지금부터 실전!
본격 시공

본격적인 시공에 들어서자 드디어 실전이라는 기분이 들었다. 계획했던 모습으로 차근차근 탈바꿈하는 공간을 바라보는 것은 흥미롭고 뿌듯한 일이었다. 외부 공사는 비교적 수월했다. 파손되고 색이 벗겨진 입구를 도색한 뒤, 현관문 상부에 있던 청록색 렉산을 철거하고 베이지색 캐노피를 설치하니 공간 입구의 분위기가 화사하게 바뀌었다.

　내부공사는 조금 더 복잡했다. 무엇보다 곰팡이가 심한 벽지를 제거하고 다시 상태를 살펴보았는데, 생각보다 더욱 심각한 상황이었다. 벽까지 번져 꿉꿉한 냄새가 심했기 때문에 벽의 곰팡이까지 완벽하게 제거한 후 작업을 시작해야 해서 초반 시간이 많이 들었다.

9. 철거 당시 벽체 및 현장
10. 도색과 캐노피 설치가
　　완료된 현관

그래도 모두 철거하고 나니 생각보다 공간이 꽤 넓었다. 하지만 층고가 낮은 데다 어두워서 조명의 추가배치가 필요했다. 예상했지만 모든 계획이 계획대로 흘러가지만은 않았다. 현장 상황에 따라 조율해야하는 상황이 자주 발생했다. 내부 석고보드 높이나 거실장의 규격 등 거의 대부분이 변경 되었다. 설계 도면을 넘기는 과정에서 오탈자로 인한 변수도 생겼다. 화단 겸 테이블의 높이를 잘못 기입한 것인데, 일반적인 테이블 높이로 제작하려했으나 설계도면에서 적층하는 벽돌의 개수를 잘못 기입하여 테이블 높이가 생각보다 300㎜정도 높게 제작되었다. 이미 적층한 벽돌 위에 시멘트를 바른 후 확인했기 때문에 화단의 높이를 변경하려면 화단을 부수는 방법밖에 없었다. 고민 끝에 기존에 배치하기로 했던 의자를 바 테이블 의자로 변경하여 높아진 화단에 맞춰보자는 의견이 나왔다. 좋은 의견이라 생각했지만 앉았을 때 불편하진 않을지 걱정이 되어 의자부터 알아보았다. 테이블 높이를 미리 측정한 뒤 높이에 맞는 의자를 찾아 앉아본 뒤 편안한 의자를 고르고 나서야 한 시름 놓을 수 있었다.

그 외에도 에폭시 처리한 바닥면과 석고 가벽 사이에 틈이 발생하는 문제도 있었다. 이는 실리콘 마감처리로 해결했다. 에어컨 시공 불량, 전기 공사 불량으로 인한 콘센트 문제 또한 시공사의 AS로 해결할 수 있었다. 돌발 상황은 매번

11

11. 메인가든 제작 진행 과정

당혹스러웠지만 학교에서 배우지 못하는 시공과정에 대한 경험이어서 시간이 지나고 나서는 소중하게 느껴졌다. 그렇게 내부 마감 색, 목재가구 등 세부적인 사항까지 시공사와 조율하며 완공에 다가섰다.

양재에서
중동 우림을 찾다

공사를 마친 뒤에는 추가 작업에 들어갔다. 공간을 운영하기 위한 인테리어 작업과 화단 가꾸기 작업을 해야 했다. 오랫동안 식물을 가까이 두고 지냈어도, 컨셉을 잡고 커다란 화단을 꾸미는 것은 처음이어서 식물에 대한 공부를 하는 데에도 많은 시간을 투자했다. 특히 꽃집을 운영하시는 팀원 현선용의 어머니께 많은 자문을 구했다. 배치할 식재를 고르는 과정과 식재하는 과정, 식재 후 관리까지 도움을 받을 수 있었다. 그 후 식재를 구하러 여러 번 양재 화훼단지

12. 화훼단지 방문

를 방문했는데, 안면을 튼 사장님들께서 나름의 노하우를 전수해주셨다. 그 외에도 책과 영상 등을 찾아본 뒤 화단에 심을 식물 예상 배치도를 그려보았다. 그럼에도 불구하고 막상 식물을 심을 때에는 추가적인 고민이 생기기도 했다. 그래서 심다가 다시 캐내고, 옮겨보았다가 다시 제자리로 바꾸기를 반복했다. 그렇게 한참을 애쓴 결과 나름 우리가 원하던 열대우림과 중동의 느낌이 나와 만족스러웠다.

공간이 모두 준비된 뒤에는 공간운영을 위한 홍보가 필요했다. 하지만 코로나19로 인해 2월부터 예정이었던 홍보 일정을 계속 미루게 되었다. 마냥 넋 놓고 있을 수는 없어 프로그램 구체화와 추가적인 인테리어 작업에 집중했다. 코로나19가 장기화됨에 따라 공간운영도 팬데믹 상황을 고려하고 계획해야 한다고 판단했다. 이에따라 전반기에 계획했던 클래스와 게릴라 가드닝을 잠정적으로 미루고, 식물대량 공급과 공병 식물담기를 위주로 진행하기로 했다. 가구도 일정 거리를 유지할 수 있도록 재배치했다. 또한 실제 사용자 동선에 맞추어 분갈이 재료와 라탄 계열의 소품들, 조명 등 추가 인테리어를 진행했다.

그 후 공간 홍보를 위한 브로슈어와 포스터를 제작하고 인스타그램을 개설했지만 효과는 미비했다. 그래서 명함과 브로슈어를 들고 주민센터를 방문했다. 재난지원금 신청기간이어서 정신없는 상황임에도 불구하고 통장님을 만날 수가 있었다. 대화 끝에 통장님께서는 활성화된 동네 커뮤니티에 이너가든을 소개해주겠다고 하셨다.

커뮤니티도 밀도 있는
풍성한 뿌리처럼

오랜 기다림 끝에 5월 말, 동네정원 이너가든 오픈식을 진행했다.

13
14

13. 오픈식
14. 오픈식포스터

코로나19로 인해 아무도 오지 않을 수도 있다는 생각까지 했지만 정말 사람이 오지 않으니 초조해졌다. 그러기도 잠시, 준비해놓은 선물용 식물키트를 각 가정에 배송하기로 했다. 막상 배달을 다니려고 보니 출근을 해서 빈 집이 정말 많았다. 문득 사람들에게 정말 휴식시간이 필요하겠다는 생각이 들었다. 우리는 문고리나, 우편함 등에 식물 키트와 브로슈어를 두고 돌아왔다. 다행히 저녁이 되자 생각보다 많은 분들이 찾아주셨다. 게다가 휴지, 케이크, 음료, 등 다양한 선물도 챙겨주셨다. 공간에 대해 알아보시고 빛을 보지 않아도 괜찮은 식물을 건네주신 분도 계셨다.

오픈식을 마치고 나서는 본격적인 이너가든 활동을 시작했다. 1차 프로젝트는 식물 대량 공급이었으나 준비한 식물을 한 두명이 모두 가져가거나, 한꺼번에 많은 사람이 모이는 것을 방지하고자 공간을 방문할 때 1~2개의 식물을 가져가는 것으로 규칙을 정했다. 통장님의 도움과 재방문 해주신 주민들을 통해 자연스럽게 오프라인 홍보가 이루어졌고, 회를 거듭할수록 점점 많은 분이 방문해주셨다.

또한 "이너가든에 가면 다육이를 준다"는 이야기가 돌면서 주민들이 각자 화

15 16 17

15. 제작 중인 식물 키트
16. 완성된 식물 키트
17. 문고리에 걸어놓은 식물키트와 브로서

분을 가져오기 시작했다. 우리가 계획한 2차 프로젝트인 '공병에 식물 담기'가 주민 주도로 자연스럽게 연결된 것이다. 주민들은 각자 집에서 남는 화분, 컵 등을 가져와 이너가든에서 제공하는 다육식물을 심고 이야기를 나누기 시작했다. 공간을 가꾸면서도 계획대로 공간이 운영되지 않을까 자주 염려했는데, 주민들이 직접 하나의 생태계를 만들어 이너가든의 목적에 맞게 공간이 운영되고 있었다.

주민들은 기존 거실이었던 쇼룸의 다육이 전시장에서 다육식물을 골라 메인 가든으로 이동했다. 가져온 공병에 위치를 잡고 화단에 있는 흙으로 다육식물을 옮겨 심었다. 심는 과정을 미리 익혀 주민들에게 가르쳐드리기도 했지만 이미 능숙한 분들이 주도적으로 다른 분들에게 알려드리기도 했다. 화단 뒤쪽에는 마사토, 백자갈, 흑자갈, 화산송이, 파인바크, 화산석 등 다양한 재로를 구비해두어 원하는 재료로 화분을 꾸밀 수 있도록 준비해두었다. 이렇게 만든 개성 만점의 화분들은 사진으로 남겨 추가적인 아카이빙을 진행하고 있다. 아카이빙을 하면서 가져오신 공병을 보는 커다란 재미였다. 남는 화분부터 며느리가 만들어주었다는 도자기, 오래전 깨트린 소중한 컵, 유리공예 수업 때 만든 유리

18 19 20

18. 우편함 위에 전달한
    식물 키트와 브로셔
19. 방문하신 윗집 할머니
20. 이웃들의 선물들

21	22
23	
24	25

21. 다육이를 고르는 주민들
22. 메인 가든을 사용하는
    주민들의 모습
23. 다육이를 심는 모습
24-25. 주민들이 만든 화분

병까지. 일단 연약한 뿌리를 내리기 시작하면 무럭무럭 자라는 식물처럼 주민들의 커뮤니티도 점점 밀도 있고 풍성하게 뿌리내리는 것 같았다. 식물을 다 담고 나서도 한동안 이야기꽃을 피웠고, 주민회의까지 이어 하기도 했다. 다음 주에 심을 식물이나 식물이 너무 커져버렸을 때는 어떻게 해야 하는지 등의 이야기도 나누었다. 준비해놓은 커피와 다과를 곁들이면서 코로나19가 종식되면 우리가 계획했던 게릴라가드닝도 하고 싶다는 이야기를 들었을 땐, 시공 과정에서 겪었던 어려움들이 떠올라 감회가 새로웠다. 특히 처음으로 대화를 나누었던 주민 할머니께서는 우리를 많이 배척하셨다. 설상가상으로 우리의 물품이 할머

니 집으로 배송되어 불만의 표현하시기도 했는데, 오픈식 때에는 응원의 글을 적은 흰 봉투를 건네주고 가셨다. 안에는 빳빳한 만원 한 장이 들어있었다.

처음부터 친절하게 맞아주신 앞집 할아버지는, 이제 매일 인사를 하며 안부를 묻는 사이가 되었다. 현재 이너가든은 뜨개질 클래스, 통장모임, 주민자치모임 등 여러 모임을 열고 싶다는 연락을 받아, 공간대여신청서도 만들었다.

26
27 | 28

26. 축하의 말씀과 격려금을
　　전달해주신 윗집 할머니
27. 모임공간으로 쓰이는
　　엣지방
28. 다양한 주민들이 찾아오는
　　모습

건조와 과습 사이,
오늘도 푸름

반지하에 식물공간을 만드는 일은 일종의 실험과도 같았다. 하고 싶은 마음과 별개로 우려도 컸던 것이 사실이다. 습기로 인해 공간에 곰팡이가 생기는 것뿐만 아니라, 채광량과 환기량이 부족해서 화단의 식물이 생존할 수 있을지에 대한 의문도 있었다. 그럼에도 진행했던 이유는 저층주거지를 주민을 위한 복지공간으로 변화시키려는 노력이 지속적으로 이루어지려면 파격적인 공간 변화에 대한 시도가 이루어져야 한다고 생각했기 때문이다. 이너공간이 공간 변화 시도의 예로써 남길 바랐다. 다만, 실패한 예로 남지 않기 위해 다양한 노력을 더했다. 우리는 다양한 현대 기술을 이용하면 과거에 불가능했던 일도 가능할 것이란 생각을 했고, 실제 적용해보기로 했다.

먼저 채광량을 보완하기 위해 식물생장 LED 조명을 설치했다. 하루에 12시간씩 켜지도록 설정하여 햇빛과 같은 역할을 할 수 있도록 했다. 사실 반신반의하여 효과에 대한 기대가 크지 않았으나, 조명을 설치한 공간의 식물들이 유독 생장상태가 양호한 것을 보고 식물생장용 조명을 추가 구매하여 모든 공간에 설치했다.

다음으로 자연환기를 대체할 수 있는 방법도 고민해보았다. 식물생장에서 햇빛과 물만 고려했는데, 환기 또한 중요하다는 것을 공간을 준비하면서 알게 되었다. 기계를 활용한 급기도 고려해보았지만 예산문제가 있어 불가능하다고 판단했다. 대신 선풍기를 사용하여 공간 내의 공기를 지속적으로 순환시키기로 했다. 이너가든에 설치한 홈 IOT에 선풍기를 연결하여 우리가 공간에 없는 날에도 규칙적으로 작동하도록 했다.

그럼에도 불구하고 식물에 생기는 문제를 모두 막을 수는 없었다. 그 때마다 오랜 시간 자기만의 화단을 꾸렸던 주민들께서 놀라운 처방을 내려주셨다. 그렇게 알게 된 사실이 있다. 식물에게도 사람에게도 '이해를 기반한 적당한 사랑'이 필요하다는 것이다. 얼마만큼의 물이 필요하고, 얼마만큼의 햇빛이 필요한지. 적으면 마르고, 넘치면 과습하게 돼서 미리미리 공부해야했다. 사람도 마찬가지여서 직접 겪어보고 서로를 이해한 뒤 그에 맞는 관계를 이어나가야 했다. 주민들과의 갈등을 해소하고, 새로운 관계로 발전시켜나갈 때마다 공간이 공간 이상의 의미를 주는 것 같았다.

이런 노력을 알아주는 건지, 공간을 운영하면서 모든 식물이 시들어가기만 하지 않았다는 점이 퍽 감격스럽게 다가왔다. 메인가든의 식물들이 심을 때보다 자란 모습을 보면 마음이 든든해진다. 그리고 프로젝트에 참여하길 잘했다는 생각이 든다. 단순히 공간을 변화시키는 것이 아니라, 그 안에서 시공간을 공유하는 사람들에게도 영향을 끼칠 수 있다는 점이 놀랍고 신비한 경험이었다. 여전히 코로나19로 인한 제약이 있지만, 그럼에도 불구하고 이너가든은 오늘도 푸르다.

도움을 주셨던 모든 분들, 귀한 경험을 할 수 있게 도와주신 SH 관계자분들, 공간을 풍요롭게 채워주신 주민들, 그리고 처음부터 끝까지 함께한 서로에게 감사한 마음이다.

청년건축가와
청년디자이너로 구성된
정릉기지

공간 기획부터 공간 운영까지, 다채로운
상상력을 동원해 모험가들의 근거지를 떠올리며
'살아있는 공간'을 만들어간다

정릉기지는 정릉동의 '정릉'과 반지하 공간에서 떠올린 모험가 이미지에서, 모험가들의 근거지라는 뜻을 지닌 '기지'를 결합해 지은 이름이다. 팀을 시작할 때 구성원 김기준, 김지수의 이름 앞 글자를 따 중의적인 의미를 담았다. 같은 학교에서 함께 건축을 전공한 둘은, 건축을 설계로만 바라보지 않았다. 그 공간이 '살아있는 공간'으로써 제 기능을 할 수 있도록 돕는 것 또한 건축의 일부라고 생각했다. 때문에 공간 기획부터 공간 운영까지 할 수 있는 프로젝트에 관심을 가지고 참여하게 되었다. 그 모든 흐름이 궁금하고 기대됐다. 공간계획을 마치고 시공과정에서 아쉽게도 팀원 김지수가 개인 사정으로 하차하게 되었다. 그 후 객원멤버로 청년디자이너 서지연, 박동민, 장한별이 참여하여 프로젝트를 끝까지 함께 이끌어주었다. 디자이너가 투입되면서 좀 더 다채로운 상상력과 공간구성을 생각해낼 수 있었다. 현재 청년건축가와 청년디자이너 총 4명으로 구성된 정릉기지 팀은, 각자의 전공을 살려 정릉기지에서 다양한 경험을 하며 꿈을 키우고 있다.

위치 성북구 정릉동 646-2 다동 지하
아이템 정릉동 배밭골을 기반으로 아카이빙 활동을 통해
주민과 청년과의 커뮤니티 형성 / 주민대상 원데이
클래스, 영화상영, 마을디자인 작업 등

정릉기지_
정릉기지

우연의 연속,
필연의 정릉기지

이제와 돌이켜보면 우리팀의 여정은 우연에서 시작해 점점 필연으로 흘러온 것 같다. 사소한 우연과 인연이 모이고 모여 저마다의 가치를 갖게 된 운명같은 시간들. 우연한 한 번의 기회는 꼬리에 꼬리를 물어 새로운 기회를 만들어줬다.

시작은 김지수와 김기준의 만남이었다. 둘은 한 학번 차이나는 동갑내기였다. 선후배로 만나 비슷한 동네에 산다는 것을 알게 된 뒤로, 학교에서 마주치면 인사를 나누는 정도의 관계를 유지했다. 그러다 제대 후 같은 학년으로 복학하면서 급격하게 친해졌다. 둘 다 건축 외의 경험도 중요하게 생각해서 총학생회 디자인팀 등 다양한 활동을 함께 했다. 그 연장선으로 SH 공모전까지 준비하게 됐다. 너무 진중한 것보다는 즉흥적이고 단순한 것을 좋아해서 대상지를 고를 때에도 각자의 집 근처로 후보를 두었다. 첫 번째 후보는 강북구 우이동이

었고, 두 번째는 성북구 장위동이었다. 두 공간은 단독주택 유형의 반지하 공간이었는데, 서로 본인의 집에서 가까운 대상지를 고르는 바람에 결국 중간지점인 정릉동까지 답사를 가게 됐다. 두 사람 모두 정릉동은 처음이었다.

그런데 중간지점이어서 가본 정릉동 대상지가 두 사람을 모두 만족시켰다. 이전 후보들은 주택 대문을 공유해서 접근해야 했고, 담이 있어서 심리적 접근성이 떨어진 데 비해, 정릉동 대상지는 공동주택에 위치한데다, 비교적 채광량이 많았으며 공간이 넓었다. 3년 넘게 방치된 공간이어서 곰팡이 등 관리 상태는 열악했으나 어느 정도 각오했던 부분이었기 때문에 그 부분은 크게 문제 삼지 않기로 했다. 그렇게 연고 없는 정릉동을 대상지로 삼은 우리는 정릉동의 '정릉'과 팀원인 기준과 지수의 이름 한 글자씩을 따서 '정릉기지'라고 이름을 지었다. 짓고 나니 비밀기지 같은 느낌이어서, 정말 그런 곳으로 꾸며보자는 의견을 나눴다.

여행처럼, 영화처럼,

대상지를 선정하고 주변 답사를 시작하면서 우리는 연고 없는 동네와의 연결고리를 만들어보려 했다. 그러다 건축학개론에서 수지(서연)와 이제훈(승민)이

지도에 학교와 집을 빨간펜으로 긋는 장면이 나오는데, 그때 둘의 선이 겹치는 곳이 정릉동이라며 잠시 호들갑을 떨며 즐거워했다. 근처에 국민대학교가 있어서 풋풋한 새내기 더욱 감정이 되살아났다.

대상지와 국민대 사이에는 '배밭골'이라는 상권이 크게 발전해 있었다. 배밭골 상권은 국민대뿐만 아니라 대중교통으로 20분 내 거리에 있는 서경대, 성신여대, 한성대, 성균관대 등 대학가와 밀접하게 연결돼 있었다. 추후 대학과 연계해 협업 프로그램의 가능성도 기대해 볼 만 했다. 게다가 배밭골 내에 오래된 상점들을 둘러보는 재미도 있어 이를 활용할 프로그램도 생각해보기로 했다.

주변 답사를 마치고 대상지로 돌아올 때에는 출발할 때 놓쳤던 대상지 입지도 다시 체크해 봤다. 정릉3동에 속한 대상지는, 버스 종점이라는 특징이 있었다. 도원교통 종점에 내려 기다란 경사로를 오르면 대상지가 속한 고려주택 가, 나, 다동이 나온다. 고려주택을 가려면 이 길을 통해야만 하고, 이 길에 들어서면 고려주택 단지만 있다. 즉, 종점역의 경사로로 통하는 곳은 고려주택 뿐이었다. 그러다보니 길을 잘못 들 일도 거의 없어 대상지는 지나가다가 발견할 가능성이 매우 낮았다. 그 중에서도 대상지는 가장 안쪽에 있는 다동이었다. 너무 깊숙한 곳에 위치했고, 그마저도 표지판이 없어 동 구분도 어려웠다. 프로그램을 기획할 때 접근성을 에 대한 대안이 필요해보였다.

그래도 깊숙한 곳에 있기 때문에 갖고 있는 장점도 많았다. 정릉동의 지형이 북악산과 북한산을 끼고 있어 버스를 타고 있으면 여행을 떠난 것 같기도 하고, 오래된 상점들을 구경하는 재미도 쏠쏠했다. 무작정 버스를 타고 한 바퀴 도는 일이 위로가 되는 날도 있으니까. 여유를 갖고 정릉동을 방문할 때, 가만히 버스에 앉아 있으면 도착하기 전부터 마음이 한 단계 차분해질 것 같았다. 정릉동의 풍경은 그러기에 충분했다. 버스에서 내린 뒤에도 동네가 조용해서 한적한 여행지를 떠올리게 했다. 이따금 고양이밥을 챙기는 분들이 보였고, 나른한 고

양이들이 느릿느릿 돌아다녔다. 고양이와 노란 햇빛, 천천히 산책하는 주민들
과 아이들 소리. 이 모든 것이 영화의 한 장면 같았다.

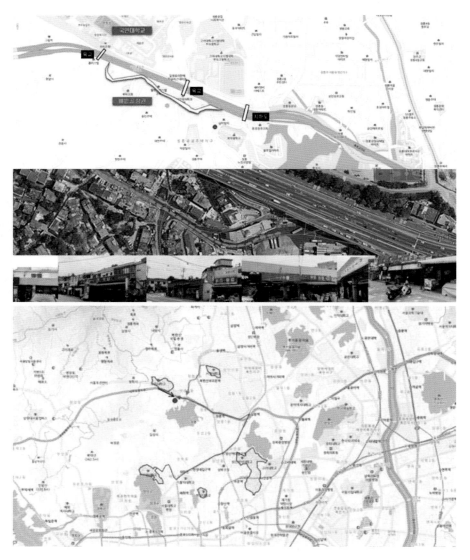

1

2

1. 대상지 주변 환경.
배밭골 상권의 시작과 끝을
함께한다.
2. 주변 대학. 국민대를 비롯해
대중교통 20분 내 거리에
서경대, 성신여대, 한성대,
성균관대 등이 위치해 있다.

고려주택 다동
B101호

대상지는 반지하 공간이지만 지하로 많이 내려가지 않아 채광이 나쁘지 않았다. 게다가 독립적으로 한 층을 사용할 수 있어 프로그램 운영이나 행사를 진행할 때, 주민들과 생길 수 있는 마찰을 줄일 수 있을 것으로 보였다. 또한 주택단지 내 여유 공간과 텃밭 등이 많아 추후 주민분들께 양해를 구하면, 야외행사도 진행할 수 있을 것으로 보였다. 접근성이 다소 떨어지기는 하나 충분히 매력적인 공간이었다.

3

3. 천정, 문틀, 벽지 등이
   모두 철거된 상태였던
   대상지 모습

　　대상지는 문틀과 천정, 바닥, 벽지마감이 모두 철거된 상태였다. 그래서 공간을 분석하기가 비교적 수월했다. 부엌과 거실이 이어져 있었고, 입구 쪽에 두 개, 안 쪽에 한 개의 방이 있는 주거 유형의 공간이었다. 거실에 큰 창이 있어 공간감을 주고 있었으며, 부엌과 거실이 한 공간으로 보이기도 해서 작은 평수를 보완해주는 장점이 있었다. 이 공간을 어떻게 활용하느냐에 따라 공간의 매력을 더욱 배가시킬 수 있을 것 같았다.

둘에서 다섯으로

대상지 주변과 대상지 주변을 둘러보고 난 뒤에는 본격적인 컨셉 회의를 시작했다. 우리는 먼저 우리가 찾고 싶은 공간에 대해서 의견을 나눴다. 두 사람 모두 여러 분야의 사람들을 만나 이야기 나누는 것을 좋아해서 우선적으로 '모임 공간'을 떠올렸다. 더불어 서로의 전공 지식 및 재능을 나누며 함께 성장하는 것을 지향해서 재능 교류의 장을 떠올렸다. 다양한 사람들이 모여 친목을 다지고, 편안하게 쉬기도 하다가 서로의 재능을 주고받을 수 있는 공간. 일종의 '문화 살롱'을 떠올리게 된 것이다.

다음으로 생각한 것은 작업공간이었다. 총학생회 디자인팀 활동을 하는 등 창작자와 소통하는 일을 선호하다 보니 그들의 고충도 많이 접하게 됐다. 가장 흔한 고충은 '작업공간이 없는 것', '재능을 펼칠 기회가 없는 것'이었다. 대상지가 비교적 넓어서 함께 공간을 운영할 수 있는 스텝을 모집하면, 충분히 작업공간으로도 공간을 꾸려나갈 수 있을 것 같았다. 그래서 우리는 젊은 창작자를 중심으로, 사람들이 모이는 공간을 꾸리기로 했다. 창작자들이 개인 작업을 진행하면서 작은 클래스를 통해 재능을 펼칠 수 있도록. 나아가 그 경험을 가지고 더 큰 기회를 찾을 수 있게 돕고 싶었다. 이를 통해 문화 경험이 부족한 주민들에게 새로운 경험을 제공할 수 있다면 더할 나위 없이 좋을 것 같았다.

이에 창작에 대한 이해와 관심이 높고, 공간 운영에 적극적인 다양한 분야의 스텝을 모집하기로 했다. 처음에는 국민대에 재학 중인 건축 외 전공자들을 모아보려 했다. 하지만 프로젝트 기간을 고려했을 때, 시공을 하고, 공간을 꾸미고, 공간 운영에 대한 합을 맞추기까지 시간이 다소 촉박하게 느껴졌다. 게다가 스텝을 언제 다 모을 수 있을지 확실하지 않아서 지인을 통해 파트너를 구하는 것으로 방향을 틀었다.

　마침 두 팀원 중 김기준이 오랜 기간 서울 시립미술관에서 스태프로 근무하며 다양한 전공의 친구들과 네트워크를 형성한 덕에 디자인을 전공한 서지연, 박동민, 장한별을 설득할 수 있었다. 그렇게 다섯명이 한 팀이 돼 기획단계에서 좀 더 탄력을 받게 됐다. 새로 들어온 세 명의 관심 분야가 다양해서 좀 더 다채로운 기획을 그려볼 수 있었다.

생산적 문화 살롱

다섯명이 모이니 생각을 키워나가는 일과 실현 가능성을 따져 과한 의견을 가지치기 하는 일이 모두 전보다 수월해졌다. 본격적인 시공과 인테리어를 앞두고 우리는 공간 이용 대상자부터 구체화하기로 했다. 그래야 전체적인 공간의 사용 방향성이나, 분위기 등을 떠올리며 다음 단계로 넘어갈 수 있을 것 같았다. 토론 끝에 공간을 운영하는 창작자를 중심으로, 문화를 향유하고 싶은 모든 사람이 공간의 이용자가 될 수 있게끔 꾸미자고 의견을 모았다. 가깝게는 팀원들이 개인 창작 활동을 하면서 공간을 운영하고, 멀리는 인근 대학생들과의 연계까지 생각해두었다. 여기에 2단계 SH 중간공유회에서 청년들의 살롱 프로그램을 제안하자, 공공소통크리에터 장종원 대표님께서 조언을 주셨다. 청년들이 자연스럽게 만나서 여러 고민을 주고받는 상황 자체가 살롱이므로 참여자를 수동적 주체로 만들지 말고, 소비가 아닌 생산의 공간으로 만들면 좋겠다는 의견이었다. 대표님의 자문에 크게 공감해 세부 프로그램을 계획할 때 이를 적극 반영하기로 했다.

분위기는 두 가지 방향성을 두고 고민했는데, 하나는 아늑함이었다. 다른 하나는 집과 구분되는 공간이었다. 얼핏 두 가지가 상충되는 것처럼 느껴지지만 집과는 확실하게 구분되면서 친근하게 느낄 수 있는 공간을 꾸미고 싶었다. 동시에 프로그램 운영시 컨셉과 필요에 따라 유동적으로 공간을 변화시켜 한정된 공간의 효율성을 극대화 시키고자 했다.

이에 꼭 필요한 가구와 물품만 배치하기로 결정했다. 생활용품과 잡동사니가 있는 집에서는 아무리 정리정돈을 해도 한계가 있다고 생각했다. 집과는 차원이 다른 정리정돈을 통해 외부에 나온 느낌, 특별한 곳에 왔다는 느낌을 제공하고자 했다. 또한 깔끔한 이미지를 통해 반지하의 고착화된 이미지인 답답하고 비위생적인 인상을 지우고자 했다. 그러는 한편 반지하 공간 특유의 아늑한 느낌은 최대한 살리기로 했다.

새롭되,
시간의 기록은 고스란히

대상지는 모든 철거가 완료된 상태여서 다음 단계로 바로 넘어갈 수 있었다. 우선 곰팡이로 오염된 벽체부터 곰팡이 제거 작업을 시작했다. 그럼에도 불구하고 너무 오래된 데다 오염정도가 심해서 전체적으로 기존 벽체를 사용하기보다는 가벽을 공간 전체에 설치해 거칠고 오래된 느낌을 정돈했다. 대신 천정은 그대로 노출시켜 상대적으로 넓은 공간감을 확보하고 창고 느낌을 자아내는 반지하만의 매력은 유지하도록 했다.

여기에는 평소 오래된 것들의 가치를 높게 사는 팀원들의 의견이 반영됐다.

무조건 새것으로 바꾸기보다는, 시간의 기록이 고스란히 남은 것 중 보완해서 사용할 수 있는 것들은 최대한 살리자는 것이 우리 모두의 의견이었다. 기존의 틀을 유지한 것과 새로운 것이 조화를 이루게 만드는 것도 우리의 몫이었다.

　곰팡이를 어느 정도 제거한 뒤에는 거실과 부엌에 대해서 고민했다. 대상지에 들어서면 정면에 거실과 부엌이 보이는데, 두 공간은 때때로 한 공간처럼 느껴지기도 했다. 이에 주거 공간 느낌을 지우고 두 공간을 함께 쓸 수 있는 가능성도 고려해 과감하게 부엌 타일을 없애기로 했다. 그 후 합판가구와 빈백(bean bag) 등을 배치시켜 주거공과는 다른 색다른 분위기를 연출했다. 거실과 부엌 두 공간은 입식과 좌식으로 나누어 모임의 성격에 따라 유동적으로 사용될 수 있도록 계획했다. 또한 좌식 공간에는 평상가구를 제작해 최대한 많은 인원이 편히 앉을 수 있도록 꾸몄다.

4

4. 부엌 / 거실 공간 After

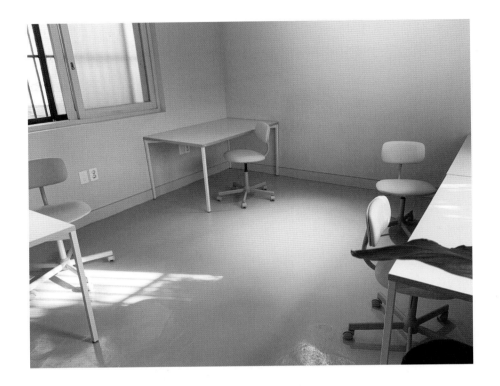

전체적으로는 밝은 아이보리톤을 사용했고, 합판가구 외의 다른 가구는 모두 화이트톤으로 최소한만 구비해 과감하게 정리정돈된 인상을 주고자했다.

방은 창고로 사용할 한 곳만 도장공사를 진행해 예산을 아꼈다. 남은 두 곳 중 현관에서 가까운 방은 전시 공간 및 원데이 클래스를 운영할 공간으로 계획했다. 이에 따라 현관 입구에 있던 기존 신발장은 철거하고 새로 신발장을 제작하면서 신발장 상부에 작은 개구부를 뚫어 안을 들여다볼 수 있게 했다. 방문자들에게 공간에 대한 힌트를 주면서 흥미를 유발하기 위한 장치를 만든 셈이다.

현관 정면 깊숙한 곳에 있는 방은 우리팀의 작업공간으로 꾸몄다. 좁은 공간을 최대한 보완하기 위해 다른 방과 마찬가지로 문은 달지 않았다.

5

5. 작업 공간 After

고려극장 개봉박두

내부공간을 꾸미면서 공간운영 방향과 세부 프로그램 계획도 동시에 진행했다. 먼저 공간운영은 공유 작업공간을 기본으로 설정했다. 특별한 프로그램이 없을 때에는 청년 누구나 정릉기지를 작업공간으로 쓸 수 있다. 공간대여 시스템이 체계적으로 마련돼 있지 않아서 대부분 팀원의 지인을 통해 입소문이 퍼트렸다. 그럼에도 다양한 분야의 창작자들이 찾아와줘서 여러 분야의 재미있는 협업 기회도 생겼고, 공간 활용 폭의 가능성도 넓어졌다.

　세부 프로그램을 기획할 때에는 '지속 가능성'에 무게를 두었다. 프로그램이 끝나고도 공간이 운영될 수 있도록 하기 위해서는 우리가 아니어도 주민들이나 인근 대학 학생들이 지속적으로 이어나갈 수 있는 쉬운 프로그램이어야 했다. 이에 프로그램은 원데이 클래스, 고려극장 영화상영, 정릉동 아카이빙으로 계획했다.

　'원데이 클래스'의 경우, 처음 공간을 계획할 때부터 생각했듯이 청년창작자들에게 작업공간과 작업을 펼칠 기회를 제공하면서 해당 작업을 쉽게 접해보지 못했던 주민들에게는 새로운 경험을 접할 수 있는 자리를 마련할 수 있도록 했다. 단, 참여자들을 주민에만 한정 짓지 않기로 했다.

　다음으로 '고려극장 영화상영'을 계획했다. 고려극장은, 정릉기지가 위치한 '고려주택'에서 이름을 따왔다. 대상지에서 영화 관람을 위해 영화관에 가려면 최소한 성신여대역 또는 혜화역까지 나가야 했다. 공간에서 정기적으로 영화 상영을 함으로써 주민분들과의 관계를 형성하고 소통의 기회를 가질 수 있다고 생각했다.

　또한 낯선 사람들이 모였을 때, 비교적 부담 없이 화젯거리를 꺼낼 수 있는 콘텐츠가 영화라고 생각했다. 빔프로젝터와 빔스크린만 있으면 얼마든지 영화관 분위기를 연출할 수 있지만 막상 가정에서 구입하기는 쉽지 않기에 정릉기지에 마련해보고자 했다. 공간과 장비만 제공하면 추후에 누구라도 주체적으로 영화상영을 진행할 수 있을 거라 생각했다. 영화 상영 호스트는 상황에 맞게 변경해 함께 보고 싶은 영화를 직접 선정하고, 함께 본 영화에 대해 이야기를 할 수 있도록 계획했다.

마지막으로 '정릉동 아카이빙'을 계획했다. 정릉동에는 오랜 시간을 간직하고 있는 상점이 유독 많았다. 특히 배밭골에서 매력적인 공간을 자주 마주쳤다. 이에 배밭골 상권을 거점으로 오래된 상점들과 정릉동의 다양한 장면들을 기록하는 작업을 진행하기로 했다. 가까운 거리에 비해 국민대 학생들이 배밭골 상권보다 인근 번화가를 찾는 경우가 많았는데, 학교와 배밭골 사이에 넓은 도로가 지나 접근하는 데에 물리적 한계가 있기 때문이다. 학교와 배밭골 사이 상부로는 내부순환로도 지나고 있어 학생들이 배밭골을 이용하는데 심적 부담감이 있을 수밖에 없었다. 이에 국민대는 캠퍼스 내에서 자체적으로 학생들이 생활할 수 있도록 발전하고 있었다. 그러다보니 배밭골에는 점심시간이나 낮시간보다 회식자리 등 늦은 시간에 주로 이용객이 찾아오곤 했다.

한편, 배밭골은 접근성의 물리적 한계점도 있지만, 젊은 세대의 요구에 콘텐츠가 부족한 것도 학생들의 발길이 뜸한 이유 중 하나였다. 학생들이 일상을 소비할 공간과 즐길 거리가 일반 대학가에 비해 현저하게 부족했다. 그러다보니 학생들은 주로 대학로나 성신여대 근처까지 나가 소비활동을 하고 있었다.

이에 배밭골을 기록하는 작업을 통해, 배밭골의 매력을 재해석하고 이를 통해 새로운 콘텐츠를 생산해내는 작업까지 진행하고자 했다. 오래된 것은 무조건 낡은 것이 아니라는 것을 아카이빙을 통해 알리고 싶었다. 많은 사람들이 정릉동과 정릉동을 지키고 있는 오래된 상점들을 기억할 수 있도록, 애정을 가질 수 있도록 조금이나마 기여하고 싶었다.

불편함을 수집하는
우편함

3월 내내 공사를 진행하고, 4월 7일 SH주택도시공사와 협약식을 시작으로 본격적인 프로젝트가 시작됐다.

그런데 예상치 못했던 코로나19로 일정이 계속해서 연기됐다. 그 연쇄작용으로 가구 배송이 밀렸고, 공간 준비 마무리가 계속해서 늦어지게 됐다. 5월이 다 돼서야 겨우 공간준비를 마칠 수 있었다. 공간준비를 하면서 비는 시간에는, 고려주택 단지 내의 환경 및 디자인 작업을 진행했다. 방치돼있는 쓰레기나 나뭇가지 등을 정리해 주변을 가꾸면서 단지 내 주민 분들과의 가벼운 접촉을 시도해보기도 했다.

이 때 주민분들에게 직접 들은 불편함을 수집해 디자인 작업을 통해 이를 개선하고자 했다. 실제로 주민분들이 느끼고 계신 불편함은 우리도 정릉기지를 가꾸면서 느꼈던 불편함이었다. 그만큼 주민분들에게 꼭 필요한 부분이었다.

불편함은 크게 분리수거 문제와 가, 나, 다 동 현판 문제였다. 먼저 분리수거의 경우, 단지 내 주민분들의 연령대가 높다보니 서로 소통이 원활하지 않아 크고 작은 갈등이 잦았다. 주변 청소를 하는 분들만 계속하게 돼 갈등이 깊어진

6

6. 배밭골에 위치한 오래된
상점들

분들도 계셨다. 정릉기지 입주 당시 분리수거 배출 장소가 통일돼 있지 않고, 분리수거 상황도 좋지 않아서 당황했던 기억이 났다. 이에 분리수거 방법과 장소를 알리는 표지판을 가시성이 높게 디자인해 부착했다.

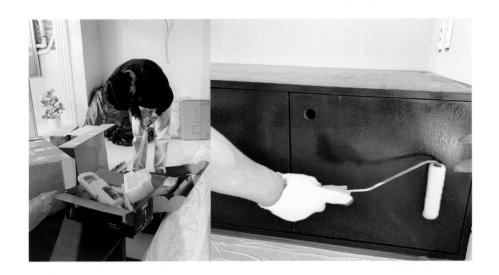

다음으로 가, 나, 다 동을 표시하는 현판이 없어 임시로 건물 벽에 동 이름을 표시해놓은 상황을 개선하고자 했다. 건물 벽에 적은 동 표시가 눈에 잘 띌 리 없었다. 때문에 택배나 우편, 배달 상황에서 종종 혼란을 겪게 됐다. 이 또한 디자인 작업을 통해 현판을 제작해 제공했다.

한편 추후 프로그램 홍보를 위해 정릉기지의 로고작업과 SNS 계정 운영도 시작했다. 접근성의 한계를 극복하기 위해서는 SNS홍보에 많은 품을 들여야 한다고 생각했다. 불편함을 수집하는 우편함이 필요했기 때문이다. 계획 당시 대부분 준비가 끝났다고 생각했는데, 오히려 프로젝트를 시작하려고 하니 필요한 것들과 준비해야할 것들이 점점 늘어나는 것 같았다.

7

7. 준비모습

오픈하우스와
첫 월간 반상회

마침내 5월 말 공사로 불편하셨을 주민분들과, 응원해준 지인들에게 공간의 의도와 앞으로의 계획을 설명드리고자 오픈하우스 행사를 가졌다. 다만 고려주택 주민분들은 평소에도 소통이 거의 없었고, 연령대가 있으셔서 공간까지 방문이 쉽지 않을 것 같았다. 그래서 새롭게 꾸민 정릉기지를 촬영해 사진과 함께 공간에서 운영할 프로그램에 대한 소개를 적어 엽서로 제작했다. 여기에 정릉시장에서 여러 종류의 떡을 구매해 떡과 함께 엽서를 직접 전달했다. 이에 주민 몇 분께서는 오픈식 초대에 응해주셨다. 오픈식을 진행하고 3일 동안은 누구든 편히 방문할 수 있도록 문을 열어뒀다. 방문 시 언제든 가볍게 차를 마시며 이야기를 나눌 수 있도록 했다.

또한 SH청년건축가 1기들의 첫 월간 반상회를 우리 공간에서 할 기회가 있었다. 우리가 계획한 공간에 처음으로 많은 분들이 방문해주신 날이어서 뿌듯하

9

9. 원데이클래스 진행모습

기도 하고 설레기도 했다. 아쉽게도 팀원 김지수가 개인 사정으로 인해 2단계 계획단계까지만 참여하고 하차하게 되었는데, 그럼에도 불구하고 정릉기지가 완성된 모습을 보고 있으니 묘한 감정들이 들끓었다.

아쉬움 속에서 피어난
연대

특별한 프로그램이 없을 때에는 공간을 청년들의 작업공간으로 운영중이다. 인근 대학생들과의 접촉을 통해 더욱 효과적으로 운영하고 싶은 욕심이 있는데, 코로나19로 인한 비대면 수업 체제여서 학생들을 만나지 못한 것이 많이 아쉬운 부분으로 남아있다.

원데이클래스는 7월 마지막 주 문화의 날 주민들을 대상으로 진행했다. 팀원 중 패브릭을 전공한 친구와, 개인적으로 실크스크린 작업을 하고 있는 친구가 있어서 두 명이 함께 감광기를 통한 실크스크린 작업에 대한 강의를 열었다.

주민을 대상으로 한 첫 프로그램이어서 평일 오후 집에 계시는 주부님들을 대상으로 설계했다. 그래서 시간대를 오후 2시부터 4시까지로 잡았는데, 많은 분들이 관심을 주시면서 시간에 대한 아쉬움을 표현해주셨다. 때문에 두 번째 수업부터는 진행시간을 주말이나 평일 저녁시간으로 변경했다. 다양한 주민분들이 참여해주시길 바랐는데, 아쉽게도 대부분 우리 또래의 젊은 분들께서 참여하셨다. SNS홍보의 한계라는 생각이 들었다. 그래도 강의와 체험활동에는 모두 만족하셔서 공간운영이 보람차게 느껴졌다.

하루수업 프로그램이 있는 날 저녁시간에는 주민 대상으로 영화 상영 프로그램을 진행했다. 코로나19로 인해 영화관이나 미술관 등 문화생활이 더욱 어려워진 상황에서 주민들에게 작게나마 문화생활을 즐길 수 있는 기회를 제공

해드리고 싶었다. 더불어 주민들과의 소통의 기회가 돼 다양한 이야기를 나누
길 희망했다.

첫 상영회에서는 주민분들께서 편하게 이야기하실 수 있도록 대중성이 높은
영화를 상영했는데, 원데이클래스와 마찬가지로 주민보다는 SNS홍보를 통해
찾아주신 분들의 비율이 훨씬 높았다. 주민분들이 공간의 핵심 이용대상은 아
니지만, 첫 상영회인만큼 주변과의 소통을 바랐기 때문에 아쉬움이 남았다.

그래도 고무적이었던 것은, 정릉의 이름을 걸고 맥주 양조장을 운영하는 '정
릉맥주도가'에서 영화 상영회에 맥주를 무료로 지원해주셨다. 이로써 더욱 뜻
깊은 행사가 될 수 있었다. 정릉 지역의 다양한 상점, 활동가 분들과의 연대가
중요하다는 것을 다시금 깨달았다.

마지막으로 아카이빙 작업의 경우, 배밭골 상권의 상점들을 기록해 젊은 세
대들이 이용하기 쉽도록 콘텐츠를 제작하고, 배밭골 내에도 즐길거리를 만들고
자 계획했다. 더불어 상인들의 구술인터뷰도 진행하고자 했는데, 역시 코로나19
로 인해 구술 인터뷰는 진행하지 못했다. 구술 아카이빙 대신 찾은 방법은, 공유

10. 아쉬움이 남았던 첫 번째
상영회

작업공간을 운영하면서 만나게 된 사진가 분을 통해 다양한 정릉의 모습을 담는 것이었다. 이를 정릉기지에서 전시하거나 SNS를 통해 홍보하기로 했다. 또한 사진작가님과 함께 촬영답사지를 정하고 답사를 나가기로 했다.

꿈꾸는 청년의
정릉기지

작업실을 운영하면서 영화 감독을 꿈꾸는 청년을 만난 적이 있다. 정릉기지에서 대학원 과제를 위해 영화 한 편을 보셨는데, 이후 지인 중 상영기회가 부족한 독립영화를 다루는 배급사를 운영하시는 분이 있다며 정릉기지에서 상영회를 열면 좋을 것 같다는 의견을 주셨다. 너무 좋은 기회여서, 이후 스케줄 조정을 통해 행사를 진행하기로 약속했다.

　이 외에도 그림을 그리는 청년, 전시를 기획하는 청년 등 많은 창작자들이 공간을 이용해 원데이 클래스나 전시 프로그램을 진행해보고 싶다는 연락을 주셨다. 작은 만남과 기획들이 커다란 만남으로 이어지는 신기한 과정을 지켜보면서, 정릉기지가 앞으로도 꾸준히 운영될 것 같다는 기대를 하게 됐다.

　SH서울주택도시공사의 지원을 받아 활동하는 과정은 팀원 각자의 꿈을 키워가는 과정이었다. 하지만 여기에 그치지 않고 공간 복지에 대한 의미도 달성하고 싶었다. 공공이 주체로 기반시설을 제공하고, 공공의 주체로 주민들에게 다양한 복지와 문화, 교육의 기회를 제공하는 일에 한계가 있기 때문에 이런 기회가 필요한 청년들에게 이 모든 과정을 제공한 전체 프로세스를 최대한 활용하고 발전시키고 싶었다. 아마 청년건축가 1기 팀 모두의 바람이지 않을까 싶다. 현재 정릉기지 공간의 주체는 우리팀으로 시작했지만, 앞으로도 이 공간이 필요한 청년들에 의해 정릉기지가 건강하게 지속되기를 기대해본다.

관심사는 달라도
하나의 방향으로 같이 나아가는
삼차선

서로 다른 관점으로 단점 보완
일반부분 대상 수상

청년건축가 팀 삼차선은 박소진, 서경택, 이승훈으로 구성된 팀으로 한국예술종합학교 건축과 동기로 각자 건축 사무소에서 실무를 진행하는 중에 팀을 구성해 2019 SH청년건축가 공모전에 참여해 일반부분 대상을 수상했다. 세 사람 모두 개성이 뚜렷하고 각기 다른 관심사를 가지고 있어서 함께하는 동안 서로 다른 관점으로 단점을 보완하며 프로젝트를 발전시켜왔다. 관심사는 각기 다르지만 하나의 방향으로 같이 나아간다는 뜻에서 팀이름이 삼차선이 되었다.

위치 양천구 신월동 71-16 지하
아이템 청년작가 레지던시 및 지역연계
전시공간 '십삼월' / 지역아동 및
주민 대상 예술 프로젝트 운영

십삼월_
삼차선

같은과 친구들

우리는 같은 과 동기로 만났다. 열다섯 명밖에 안 되는 동기 중에서도 유난히 가까울 수 있었던 건, 다르면서도 합이 잘 맞았기 때문이다. 특히 음주가무를 좋아해서 이태원과 홍대를 전전하며 함께 20대를 보냈다. 오랜 시간 별 것 아닌 사소한 일부터 음악, 영화, 정치, 사회 이슈 등 다양한 주제에 대해서 각자의 의견을 이야기하며 지지고 볶았던 시간의 관성은 웬만한 갈등 상황에도 끄떡없는 항체를 만들어주었다. 서로의 다른 점을 이해하는 방법까지 알고 있어 이견이 갈등보다 새로운 돌파구가 되기도 한다.

건축은 예술 중에서도 현실적인 문제와 밀접하기 때문에 굉장히 보수적인 장르여서 예술대학에 다니는 동안 건축학과 바깥에서 예술적 감수성을 많이 접하게 되었다. 예술이 얼마나 삶을 풍요롭게 하는지 알게 되면서 예술가와 예술작품, 예술 활동에 관심을 갖게 되었다.

그러던 중 직접 기획부터 설계, 공간운영까지 할 수 있다는 점이 매력적으로 다가와서 함께 공모전에 참여하게 되었다. 서로를 잘 이해하고 있으며, 관심분야도 비슷해서 흥미롭고 유익한 작업이 될 것 같았다.

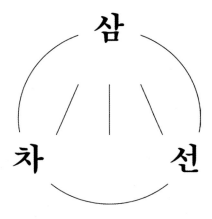

험난한
대상지 선정

하지만 화기애애한 팀 분위기와 달리, 대상지 선정에서부터 난관에 부딪쳤다. 어쩌면 대상지 선정이 프로젝트 전 과정에 있어서 팀의 가장 큰 위기였을지도 모른다. 팀원 모두가 충격에 빠져 막막함을 감출 수가 없었다.

SH가 서울시 소유의 빈집 리스트 중 일부에서 대상지를 고르도록 했으나, 처음 선정한 대상지를 다른 팀에게 양보하게 되면서 다른 대상지를 찾게 되었다. 하지만 대부분 입구가 쓰레기로 막혀 들어갈 수 없거나, 너무 오래 방치되어 폐허가 됐거나, 물이 차서 썩은 냄새가 진동하여 안으로 들어갈 수조차 없는 수준이었다.

1

1. 삼차선 로고. 관심사는 달라도 한 방향으로 나아가는 우리 팀의 의미를 담았다.

공간에는 주민들이 머물 수 있는 프로그램을 담아야 하는데, 제공된 대상지들은 모두 사람이 머물기 힘든 상황이었다. 서울시에서 제공한 반지하는 우리가 그동안 직·간접적으로 겪어왔던 반지하보다 훨씬 참혹했다. 그 공간들은 어찌되었든 사람이 살고 있는 공간이었지만, 제공받은 대상지들은 너무 오랜 기간 공실로 방치되었거나 아예 멸실 신고 되어 공간으로 인정받지 못하는 수준의 공간들이었기 때문에 이 공간에 주민복지를 담을 수 있을지 확신이 서지 않았다. 물론 예산만 충분하다면 새롭게 탈바꿈할 수 있겠지만 제한된 예산으로는 하자 보수만 하다가 아무 것도 할 수 없는 수준이 될 가능성이 컸다.

2

2. 대상지 후보였던 신림동과
   화곡동의 빈집

이런 악조건 속에서 그나마 사용할 수 있는 공간을 찾기 위해 새벽까지 공간을 찾아다녔고, 이때부터 사람들의 일상생활과 관련된 프로그램은 불가능하겠다는 생각을 갖게 되었다. 이에 비어있는 반지하에서 진행할 수 있는 프로그램에 대해 많은 고민을 하게 되었다. 팀원 모두의 공통적인 의견은 공간을 꾸밀 때 주거지로서의 성격은 버리자는 쪽으로 기울었다. 제공받은 대상지가 모두 주거지이지만, 아예 러프하고 야생적인 이미지로서의 공간을 제공해야겠다는 생각이었다. 주민들에게 또 다른 일상생활의 공간을 제공하는 것도 의미 있겠지만, 지금까지 겪어보지 못한 새로운 경험으로서의 공간을 탄생시키고 싶었다.

결국 튜터와 참가자들의 요구에 따라 건축물 대장에서 말소되지 않은 조금 양호한 빈집 리스트를 받을 수 있었고, 그 중 한군데가 신월동 71-16번지 b02호였다. 계속 대상지가 변경되는 과정에서 동네를 바탕으로 프로그램을 조사하는 방식이 일정상 불가능해서 프로그램 계획과 입지 계획 선정이 동시에 진행됐다.

프로그램을 생활공간이 아닌 전시공간으로 꾸리겠다는 생각이 어느 정도 잡힌 채로 신월동에 갔던 터라, 삼각형의 반지하 공간이 매력적으로 다가왔다. 오랜 시간 대상지를 찾아 헤맨 결과 바라던 것보다는 훨씬 좁았지만, 집의 형태가 삼각형으로 신선하고 곰팡이나 침수로부터 싸우지 않아도 되는 공간을 만나게 되어 기쁜 마음으로 대상지를 결정했다.

문화기반
복지 프로그램으로

전시공간으로 큰 가닥을 잡은 까닭은, 운영주체의 관심사와 역량을 바탕으로 프로그램을 구성하는 것이 지역 사회에 더 좋은 에너지를 전달할 수 있다는 생각에서였다. 이에 세 개인의 역량과 관심분야를 고민해 보았다.

3

3. 신월동 심삼월이 위치한
   성우빌라

우리는 예술종합대학에 다니면서 뒤늦게 예술에 대해 많이 접할 수 있게 되었다. 그 과정에서 어린 시절부터 예술을 접한 친구들이 자기생각이나 표현에 더 거침없는 모습을 보게 되었다. 또한 어린 시절부터 예술을 많이 접한 사람은 그렇지 않은 사람들보다 생각의 폭이 넓다는 것을 느꼈다. 그래서 우리가 만드는 공간을 통해 신월동 아이들이 일상에서 쉽게 접하지 못하는 예술을 경험하게 해주고 싶었다. 그 경험으로 생각의 폭을 키우고 세상을 보는 눈이 넓어지기를 바랐다.

열악한 조건에도 불구하고 이 프로그램에 계속 참여하게 된 이유 또한 이 공간을 운영함으로 인해 조금이나마 주민들과 아이들에게 예술을 경험할 수 있게 해주고 싶다는 생각 때문이었다.

뒤늦게 예술을 접한 우리 역시 예술이 삶을 풍요롭게 만들어준다는 것을 몸소 느꼈기 때문에, 예술경험을 접하는 일이 얼마나 귀한 일인지, 예술 경험을 접하지 못하는 것과 얼마나 큰 차이가 있는지 잘 알고 있었다.

서울시 구별 미술관 개수

일반적으로 '복지(Social Welfare)'가 사회구성원의 기본적 욕구를 사회적, 경제적, 제도적, 기반을 통해 국가가 조직적으로 제공하는 것이라면, '문화복지(Cultural Welfare)'란 국민 누구나 문화 활동에 참여하고 문화를 향유해야 한다는 '문화권(Cultural Rights)'에 바탕을 두고 있다.

'문화권(Cultural Rights)'은 국제연합총회(UNESCO)에서 채택된 「세계인권선언(Universal Declaration of Human Rights)」 제27조 1항에 명시되었으며 내용은 다음과 같다.

"모든 사람은 공동체의 문화새활에 자유롭게 참여하고, 예술을 감상하며, 과학의 진보와 그 혜택을 향유할 권리를 가진다."

즉, 문화예술을 공공재로 인식하여 문화예술 향유를 통해 전 국민을 대상으로 삶의 질을 향상시켜야 한다는 데 그 출발점을 두고 있다. 한국 문화 관광 연구원의 2011년 조사에 따르면 문화 향유 정도가 많은 사람들이 상대적으로 삶의 질이 높은 것으로 나타났다.

서울시에 사용되지 못한 채 방치된 수많은 공간을 이용하여 일부 주민들의 삶의 질을 조금이라도 높여줄 수 있다면, 그것이 최고의 공간복지가 아닐까 생각한다.

삼차선팀의 강점은 건축뿐만 아니라 순수 미술의 영역까지 젊은 창작자, 예술가가 처한 상황에 대한 이해도가 높고 주변에 그런 고민을 갖고 있는 청년 네트워크가 구성되어 있다는 점이다. 조형예술을 전공하며 회화, 도자, 유리, 설치 미술, 미디어아트, 퍼포먼스 등 다양한 종류의 미술을 경험한 박소진과, 대학에서부터 프로그램과 사이트를 직접 정해서 진행하는 설계교육을 받은 이승훈,

서경택의 경험을 바탕으로 2019 SH청년건축가 공모전에서도 '청년 예술가가 참여하는 예술 문화 복지 프로그램'으로 공간을 계획했었다. 신월동 현장 역시 반지하라는 공간이 가진 한계점이 있기 때문에 주거 프로그램보다는 전시공간이 더 효과적일 것이라 생각하며 지역의 상황을 조사하기 시작했다.

지역조사

문화기반 복지 프로그램을 진행하기로 결정하면서, 생활기반 복지 프로그램을 진행하는 다른 공간 복지 모델과 차별점을 둘 수 있을 거라 생각했다. 이에 우리는 문화복지를 위한 지역 조사를 시작했다.

그 결과, 예술센터의 지역편중 및 다양성이 부족했다. 서울시의 문화예술 프로그램에는 지역 불균형이 매우 심했다. 특정 지역에만 문화예술센터들이 밀집되어 있으며, 대부분의 지역에는 아주 드물게 존재했다. 대규모 문화공간은 잘 갖추어져 있는 곳이 많지만 지역적 분포 편중이 심하고, 소규모 대안 공간은 부족하여 시민들이 예술을 일상적으로 접하기가 어려운데다 다양성이 부족했다. 그 중 신월동은 문화예술 센터가 가장 부족한 곳 중 하나였다.

게다가 통계청의 조사에 따르면 양천구민은 전시를 관람하지 않는 이유로, '관심 있는 프로그램이 없기 때문'이라고 답한 비율이 높았다. 신월동 주민들에게 일상적으로 스며들 수 있으면서, 새롭고 재미있는 예술 전시 프로그램이 제안이 필요해 보였다. 이에 문화예술 불모지인 신월동에 이런 격차를 해소할 수 있는 공간을 만들어 누구나 지나가다가도 접근 가능한 문화예술 프로그램을 제공하고자 했다.

다음으로 청년 예술가들이 창작활동을 지속하기 힘든 상황임을 알 수 있었다. 매년 예술 학교를 졸업하는 청년작가는 많지만 창작으로 얻는 수입은 생활을 영위하기에 턱없이 부족한 실정이다. 게다가 높은 임대료 때문에 서울에서 창작 공간을 구하는 일 또한 쉽지 않으며, 청년 작가로서의 등용문인 전시 기회도 부족하다.

39세 이하인 청년 예술인 중 자신의 집이 아닌 개인 창작공간을 보유한 사람은 22%뿐이며, 예술인의 43%는 겸업으로 예술 활동을 지속하고 있다. 이런 상황에 처한 청년예술가를 조금이나마 지원하면서 동시에 주민들에게 예술복지를 나눠줄 수 있다면 좋겠다는 생각 하에 프로그램을 구성했다.

신월동 십삼월

프로그램을 구성하면서 문화예술을 통한 공공기여를 원칙으로, 청년예술가와 지역주민, 지역 아동이 서로서로 상생할 수 있는 구조를 만드는 것이 가장 큰 목표였다. 이에 지역을 대상으로 작업을 진행할 청년 예술가를 선정하여 지역 내 예술 활동을 활성화시키고 전시 기회 및 부수입을 제공하여 예술가를 지원하기로 했다. 동시에 이들을 통해 지역주민과 지역 아동에게 전시와 미술작업 활동을 제공하는 선순환 구조를 만들고자 했다. 즉, 신월동 반지하 공간은, 지역기반 작업을 진행할 청년예술가를 위한 레지던시(비거주 작업공간)이면서 동시에 지역주민과 아동들이 함께 참여하는 지역 연계 전시공간이기도 한 것이다.

신월동은 조선시대 고을의 원님이 마을의 전망을 보아하니 신선하며 반달 모양을 하고 있다고 하여 '신월'이라는 이름이 붙여졌다고 한다. 새로운 달이라는 신월의 뜻에서 착안해 새로운 달인 '십삼월'을 공간의 이름으로 정했다. 그리고 프로그램이 진행되는 기간 동안 세 번의 전시를 기획하고 각 전시를 달이 변화하는 모양에 빗대어 '초승달', '보름달', '그믐달'이라는 이름을 붙였다. 지역아동을 위한 전시교육프로그램은 '꿈토끼 교실', 지역주민을 위한 전시참여워크숍은 '달토끼 모임', 작가 입주 프로그램은 '달탐사대', 작가 영상 인터뷰 작업은 '탐사일지'라는 이름으로 모든 프로그램을 십삼월이라는 컨셉에 맞춰서 기획했다.

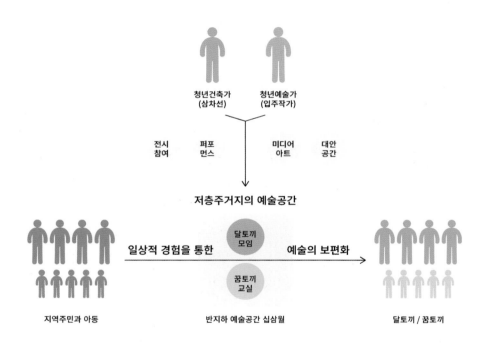

대상지로 주어진 공간이 모두 비어있는 저층 주거지라는 점과, 서울시의 문화시설이 종로, 강남구에 집중되어 있다는 점에 착안해 삼차선은 주요 프로그램을 예술 공간으로 잡았다. 그리고 주거지에서 쉽게 접근 가능한 전시를 주요 프로그램으로 설정했다. 또한 주거지에서 예술 공간이 제대로 작동하기 위해서는 좋은 예술가들이 지역을 기반으로 활동할 수 있어야한다는 생각을 가지고 십삼월의 방 1개를 삼차선의 작업실이 아니라 청년예술가의 작업실로 계획

4

4. 예술을 통한 공간복지

했다. 이곳에 들어올 입주 작가는 SNS를 통해 모집하기로 했다. 또한 작업공간이 필요한 청년 예술가 대부분이 경제적으로 어려움을 겪고 있다는 점을 감안하여, 지속적인 작업환경을 만들기 위해 지역과 함께하는 워크숍의 강사로, 또 공간을 함께 운영하는 전시지킴이로 작업을 하면서 일정 소득을 얻을 수 있도록 계획했다.

시공

공간계획을 마치고 나서는 본격적인 시공에 들어갔다. 대상지는 삼각형의 독특한 구조여서 대지의 모양을 따라 지어진 건물 내부는 사선 벽의 복도를 다라 두 개의 방과 하나의 거실 공간, 작은 주방과 화장실로 구성되어 있었다.

오랫동안 사람이 살지 않아서 리모델링하기 전의 공간은 낡고 허름했지만, 창이 많고 다른 반지하에 비해 상대적으로 해가 잘 들어서 곰팡이가 피거나 바닥에 물이 차있는 정도는 아니었다. 오랫동안 환기를 하지 않아 쿰쿰한 냄새가 나긴해도 비교적 양호한 공간이었다. 또한 복도공간이 대지의 형태로 독특했으며, 작은 거실 공간도 복도와 천장이 구분되어 있어서 전시공간으로 사용할 때 재미있는 공간을 만들 수 있을 것 같았다.

공간 조성에서 가장 중점을 둔 것은 주민 공유 시설로 인될 수 있도록 '주거지와 차별되는 공간'으로 조성하는 것이었다. 이에 입구에서 복도부분까지 신발을 신을 수 있는 공간으로 계획했다. 주거지가 주는 심리적 거리감을 최소화하고, 일상 거주공간에서 사용하지 않는 재료들을 통해 실험적인 예술 공간을 구성하고자 한 것이다. 또 좁은 공간이기 때문에 전시 및 워크숍 등이 한 공간에서 가능하도록 다의적 공간을 만들고자 했다. 이를 통해 공간 그 자체가 전시가 될 수 있도록 조성하고 싶었다.

새로운 공간으로

먼저 복도는 전시 및 리셉션 공간으로 조성했다. 십삼월에 들어오면 바로 보이는 공간으로 신발을 신고 진입하도록 했다. 바닥과 폴리카보네이트의 흰색과 목재벽과 천장의 어두운 색이 대비를 이루도록 계획했다. 바닥에는 원래 조경용 백자갈을 깔아둘 생각이었으나, SH를 통해 아이들이 던지면 위험하다는 의견을 받아서 백색 콩자갈수지마감으로 변경하여 진행했다. 또한 목재벽에 단을 두어 단 사이에 간접조명을 설치했다. 이를 통해 벽면에서 조명을 해결하고 전시를 위한 레일 조명만 천장에 설치했다. 폴리카보네이트 벽면은 전시를 진행하는 동안 드로잉을 부착하거나 걸어두는 배경으로 사용할 수 있도록 계획했다.

거실과 작은방은 전시공간으로 조성했다. 복도에서 이어지는 작은 거실은 아예 전시를 위해 목재 마감으로 단을 만들었다. 또한 벽과 천장을 사선으로 계획해 창으로 모여지는 이형의 공간을 만들었다. 전시가 진행되는 동안은 전시를 위한 받침으로 사용할 수도 있고 워크숍 등이 진행 될 때는 걸터앉거나 아이들이 올라갈 수 있도록 높이를 계획했다.

작은방은 기초공사로 쓰이는 각재를 마감재로 사용하였다. 각재를 통해 벽면과 천장을 전시공간으로 쓸 수 있도록 계획한 것이다. 조명 역시 각재 사이에 둬서 전시가 진행될 때는 벽면과 천장을 적극 활용하고, 워크숍이 진행될 때는 워크숍을 역할을 할 수 있도록 했다.

큰 방은 입주 작가를 위한 작업실로 꾸몄다. 전체를 합판으로 마감하고 천장에 조명을 위한 원형 디테일을 살렸다. 천장 마감을 원형으로 뚫고 그 안에 간접조명을 넣어 십삼월이라는 컨셉에 맞춰 천장에 달이 뜬 것처럼 형상화한 것이다. 작가들이 입주하고 작업을 진행하면서, 해당 작가만의 특성이 녹아들 수 있는 공간이 될 수 있도록 계획했다.

공간 기획 목표

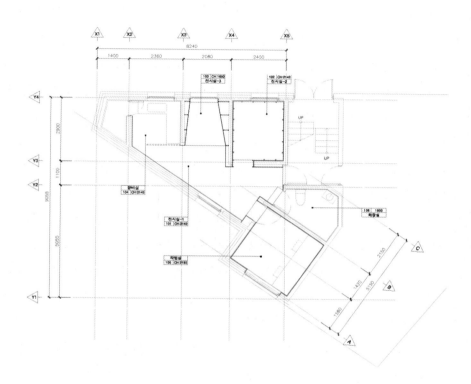

5. 신월동 십삼월 계획 평면

공간이 완성되어가면서 우리는 십삼월을 운영하기 위한 세부 목표를 세 가지 설정했다.

첫째, 신선한 작품과 경험을 지역에 제공한다. 기존 미술관 및 화랑과는 차별성을 두기 위해 이미 사회에서 인정받은 익숙한 작업보다는 새롭고 동시대적인 작업을 전시하고 경험하는 공간으로서 다양한 예술문화 경험을 지역에 제공하여 예술문화에서 소외된 신월동 주민의 예술에 대한 관심도를 높인다.

둘째, 청년예술가를 위한 지역기반 작업 공간으로써 창작 공간과 재료비, 개인 전시 기회를 제공하여 예술가로서 성장해 나갈 수 있도록 지원하고, 추가적인 생활 영위가 가능하도록 전시 지킴이, 워크숍 강사 활동 등 부수입의 기회를 제공한다.

셋째, 예술 공간을 통해 지역주민과 아동들의 삶의 질 향상에 기여한다. '십삼월'에서의 워크숍을 통해 만들어진 창작물을 소장함으로써 각자의 가정에서 가족들과 미술에 대한 공유가 이루어지도록 하고, 전시를 지역에 개방함으로서 서울시의 넘쳐나는 빈집에 대한 대안 중 하나로 지역 간 예술문화 격차를 줄일

6

6. 복도 예상도

수 있는 소규모 문화예술 공간으로 제시한다. 빈집 중 주거로 활용되기 힘든 공간들을 지역기반 예술문화 공간으로 재탄생시켜 주거지 곳곳에 크고 작은 예술문화 공간으로 지역주민들이 멀리 타 지역으로 가지 않아도 일상적으로 예술을 접할 기회를 늘리고 예술에 대한 관심을 확대한다.

　이를 통해 십삼월이 청년작가와 아동작가를 위한 지역 양성소가 되었으면 하는 바람이다. 청년작가가 작가로서 안정적으로 정착할 수 있도록 디딤돌 역할을 수행하고, 그들의 재능이 지역에 환원되어 지역 아동들이 양질의 예술 교육을 받는 선순환을 꿈꾼다.

7

7. 공사 전, 후 복도

오프닝

오프닝에는 생각보다 많은 분들이 와주셨다. 주로 삼차선과 작가분들의 지인이
었다. 주민들에게 공간을 알리는 것이 초승달 전시의 커다란 목적 중 하나였는
데, 아쉽게도 오프닝 날은 주민들이 찾아오지 않았다. 작가를 공고하는 과정에
서부터 SNS를 위주로 홍보를 진행했고 전시 홍보도 SNS를 통해 더 활발하게
진행해서 주민분들에게는 오히려 홍보가 제대로 이루어지지 않은 것 같았다.
그래서 전시를 오픈하기 전에 지역 커뮤니티 시설을 방문해서 홍보를 하려고
했으나 코로나19 때문에 운영하지 않아 불가능했다. 아쉬운 대로 인근에 홍보물
을 배부하는 수준에서 지역 홍보를 마치게 되었다.

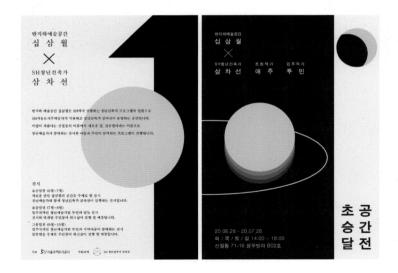

그럼에도 근방에서 일어나는 일이니까 동네주민들이 관심을 가질 것이라는
작은 기대가 있었는데, 결과적으로는 동네 밖에 있는 사람들이 프로그램과 공

8

8. 공간 소개 및 전시 브로슈어

간에 더욱 관심을 보였다. 전시가 진행되는 동안 길을 지나가다가 들어오는 사람들의 비율보다 SNS를 통해 연락 오는 사람들의 비율이 훨씬 높았다. 지역기반으로 시작해서 타지 사람들에게까지 알려지는 공간을 계획했던 것과 반대로 타지사람들에 의해 천천히 활성화되면서 동네 사람들이 관심을 가지는 경로로 공간이 조금씩 활발해지고 있었다.

지역연계 프로그램

프로그램은 크게 '지역연계 전시'와 '청년예술가 작업실'로 구성했다. 지역연계 전시 프로그램은 '초승달', '보름달', '그믐달'로, 지역연계 워크숍은 '꿈토끼교실', '달토끼모임'로 이름지었다.

9

9. 심삽월 공간전 '초승달전' 오프닝

첫 번째 전시인 초승달은 삼차선이 만든 공간과 '달'을 주제로 한 청년 작가들의 작업으로 십삼월 공간을 소개하는 전시로 기획했다. 삼차선이 전시 기획의 주체가 되어 함께 참여하는 작가들에게 일정의 작업 비용을 프로그램비로 제공했다.

두 번째 전시인 보름달은 입주공모를 통해 선정된 입주 작가의 개인전으로 입주 작가가 입주 기간 동안 재료비를 지원 받고 이를 통해 공간의 컨셉과 맞는 주제의 전시를 계획하고 있다.

마지막 전시인 그믐달은 청년예술가와 '꿈토끼교실'에 참여한 지역아동들이 함께 하는 전시로 워크숍을 통해 아이들이 만든 작업과 작가들의 작업이 함께

10

10. 지역 잡지 편집장 및 서울예술재단 활동가, 구청 담당자와의 미팅

전시되며 일 년을 마무리하는 전시가 될 예정이다. 전시를 하는 동안 삼차선이 전시 홍보와 전시 기획, 작가와의 조율을 통해 전시에 직간접적으로 참여하며 지원하는 역할을 지속적으로 할 것이다.

　지역연계 워크숍은 지역아동을 대상으로 하는 '꿈토끼교실'과 지역주민을 대상으로 하는 '달토끼모임'으로 구성했다. '꿈토끼교실'은 원래 지역아동복지센터 등과의 협력을 통해 지역아동을 모집하고 입주 작가와 삼차선이 프로그램을 기획해 운영할 예정이었다. 그러나 코로나19 때문에 지역아동센터가 문을 닫거나 열려있는 경우에도 외부 프로그램 연계에 조심스러운 분위기라 쉽게 모집하기 어려웠다. 하는 수 없이 SNS 홍보를 주로 이용했다.

　프로그램 내용은 입주 작가가 진행할 작업인 '십삼월에 사는 외계인 만들기'와 연계해 '도란도란 움직이는 외계인 만들기'라는 이름으로 아이들이 함께 외계인을 상상하여 그리고, 형태를 만들어 마지막에는 조명이나 소리가 나는 장치를 더하는 작업으로 계획했다.

　'달토끼모임'은 리움미술관 기획전에서 관람객을 대상으로 전시와 관련된 그리기나 만들기 워크숍을 진행했던 것에서 착안했다. 보름달과 그믐달 전시가 진행되는 동안 지역주민들이 전시를 관람하고 워크숍을 통해 전시와 관련된 만들기 작업을 하는 것으로 기획했다.

주변의 도움

첫 전시에 지역주민의 참여가 저조해서 전시를 통한 워크숍 홍보가 어려워졌다. 따라서 다른 방법으로 주민들에게 홍보하는 방법을 찾아야 했다. 특히 아동이 참여하는 워크숍이 전체 프로그램 기획에서 가장 중요한 역할을 하고 있었기 때문에 고민을 많이 했다. 다행히도 전시가 진행되는 동안 SNS를 통해 지역에서 활동하는 분들의 연락이 왔고 도시재생사업지원단과 서울문화재단 양천구 활동가 분들을 통해 지역 주민들을 만날 수 있었다.

그렇게 신월동 동네 잡지 출판사 '프라이드 그린 토마토'의 편집장님을 만날 수 있었다. 지역을 기반으로 여러 활동을 하고 계셔서 동네에서 진행되는 프로그램에 관심이 있는 주민분들을 쉽게 모집할 수 있었다. 이를 통해 지역을 기반으로 프로그램을 기획할 때, 사람을 만나 직접 홍보물을 전달하는 방식보다 이미 형성된 커뮤니티를 적극 활용하는 방식이 훨씬 효과적이라는 사실을 알 수 있었다. 아무리 가까운 곳에서 어떤 프로그램이 열린다 해도 관심 없는 사람들은 쉽게 참여하지 않는데 반해, 관심 있는 주민들은 이미 커뮤니티를 형성하고 있었다. 인적 네트워크의 중요성을 다시금 깨달은 것이다.

아동워크숍은 코로나19와 협소한 공간으로 인해 4명 단위로 계획했다. 작가와의 협의를 통해 프로그램 참여 아동의 나이는 초등학교 저학년으로 한정했다. 사는 지역을 우선 순위로 해서 프로그램의 참여자를 모집하는 글을 SNS에 게시했다. 게시글이 '프라이드 그린 토마토'의 편집장님을 통해 커뮤니티 프로그램에 관심이 많은 지역주민들에게 홍보되어 고정적으로 참여할 지역 아동4명과 격주로 참여할 1명을 모집할 수 있었다.

위기

처음 워크숍이 진행되는 날에는 SH와의 인터뷰를 위해 촬영팀이 방문했다. 수업은 작은방의 전시실에서 진행되고 있었다. 비가 한번 씩 들이치는 날씨에 창문을 열기 어려웠고 반지하 특성상 벌레가 들어오는 일이 많아서 현관도 닫은 채 에어컨과 서큘레이터를 틀고 워크숍을 진행했다. 처음이다 보니 아이들마다 적응하는 데에 차이는 있었지만, 두 명의 입주 작가가 아이들이 좋아하는 외계인 소재를 가지고 잘 이끌어주어서 수업이 성공적으로 마무리되었다. 그런데 그렇게 생각하기도 잠시, 예상치 못했던 부분에서 문제가 생겼다.

작가의 작업이 진행중이다보니 작업실 상태가 어지러웠고, 작업실에서 직접적으로 워크숍을 진행하지는 않았지만 공간이 협소하다보니 보호자 중 한 분이 많이 실망하셨던 것 같다. 결국 프로그램이 끝나고 아이들이 돌아가는 중에, 이런 공간에서 어떻게 아이들을 대상으로 프로그램을 하냐며 언성을 높이셨다. SH영상을 위한 인터뷰를 언급 하시면서 영상으로 실적만 가져갈 생각 뿐인 거 아니냐며 화를 내시기까지 했다. 예기치 못한 상황에 당황해서 아무 말도 못했는데, 시간이 지날수록 아이들을 세심하게 배려하지 못한 것 같아 마음이 무거워졌다. 아이들에게 좋은 경험이 되었으면 하는 마음에 기획한 프로그램인데, 역시 반지하 공간에서는 무리한 프로그램이었나, 하는 생각이 들었다.

11

11. 아동 워크숍 준비

　사실 프로그램 기획 단계에서부터 굳이 열악한 공간을 조금 덜 열악하게 바꿔서만 공간복지를 이룰 수 있는 것인가, 하는 의문이 계속해서 들었다. 그럼에도 불구하고, 우리 역시 반지하 공간임을 너무 고려하지 않은 채 프로그램을 짠게 아닌가 싶은 생각도 들었다.

　화난 보호자 분께는 우리의 미흡한 부분에 대한 사과와 함께 앞으로 더 신경 쓰겠다는 내용을 전달 드렸다. 보호자분의 자녀가 재미있었다는 말을 해준 것이 다행이었다. 조금은 마음의 짐을 내려놓은 느낌이었다. 다른 참여 아동들의 부모님도 아이가 재밌어 했다는 피드백과 응원한다는 내용의 문자를 보내주셨다. 프로그램을 진행하면서 부족한 점은 계속 보완해 나가겠지만 부정적인 피드백을 받으니 좌절감을 느끼는 한편으로는 주민 참여 프로그램, 특히 아동과 관련된 프로그램에는 좀 더 면밀한 계획이 필요함을 뼈저리게 깨달았다.

청년예술가 작업실 프로그램

전시와 함께 십삼월 공간의 주요 프로그램인 작업실은 청년예술가가 입주하는 '달탐사대'와 입주작가가 지역을 기반으로 전시과 교육 프로그램들을 진행하면서 느낀점을 인터뷰하는 '탐사일지'로 구성했다. 원래는 청년건축가에게 공간을 제공하는 프로그램이었기 때문에 처음에는 우리의 작업공간을 계획했다. 하지만 이 공간이 지역을 기반으로 하는 예술 공간으로써 더 원활하게 프로그램을 운영하려면 매번 외부에서 청년예술가를 초빙하는 방식으로는 어렵다고 생각했고, 역량있는 청년 예술가가 주체로서 필요하다고 생각했다. 그래서 우리의 작업실 대신 작가의 작업실을 기획하고 작가가 공간 운영의 주체로서 여러 프로그램에 참여하면서 작가 역시 이 공간을 통해 성장할 수 있는 발판이 되기를 바랐다.

SH와 공간 운영에 대한 협약을 맺고 우리가 제일 처음 시작했던 일이자, 아동 모집과 더불어 가장 중요하게 생각했던 과제가 입주 작가를 모집하는 일이었다. 공간이 협소하고 예산이 한정되어 있기 때문에 작가도 만족하면서 지역과 연계한 프로그램이 잘 진행될 수 있도록 작가를 선정하는 기준이 중요하다고 생각했다.

12

12. 아동 워크숍 홍보 포스터

우선 공간을 최대한 잘 소개하고 많은 사람들이 관심을 가질 수 있도록 SNS 를 통해 꾸준히 공간을 알렸다. 또한 청년 예술가와 관련된 계정들을 팔로우 하면서 작가 모집 공모 내용을 정리해 나갔다. 전체 일정과 프로그램 소개, 지원 자격과 지원 내용을 정리하면서 심삼월 공간 사용에 적합하고, 지역관련 프로그램을 운영할 수 있으며, 예술의 다양함을 지역사회에 제공할 수 있는 팀으로 선정 기준을 세웠다.

입주 작가 공모를 거창하게 만들고 홍보했는데, 아무도 관심이 없을까봐 걱정이 컸던 것이 무색할 만큼 일곱 팀이나 지원을 해줘서 다른 문제에 당면했다. 너무 좋은 작업을 하는 지원자들이 너무 많았던 것이다. 과연 우리가 좋은 팀을

13

13. 주작가 '투민' 전시계획
　　이미지

선정할 수 있을까, 하는 걱정과 그럴 자격이 되는가, 하는 생각에 한동안 골몰했다. 결국 우리가 '투민'을 선정했다. 아동을 대상으로 하는 프로그램이 단계별로 잘 구성되어 있었고, 아이들이 쉽게 접해볼 수 없는 키네틱 아트를 작게나마 경험해 볼 수 있다는 점이 가장 결정적인 이유였다.

달 탐사 대

선정된 작가가 처음으로 한 활동은 작업을 하면서 전시가 진행되는 동안 전시 공간을 지키는 역할이었다. 우리는 공간 운영비의 일부를 활동비 명목으로 지원하고, 작업 재료비 등 다음 전시를 위한 작업을 지원했다. 또한 작가들과 인터뷰 형식의 영상을 촬영했다. 처음 프로그램을 기획할 때 어떤 종류든 이곳에서 진행되는 프로그램에 대한 아카이빙이 필요하다고 생각했고, 사진이나 문서보다는 영상 형식이 이야기를 담아내기에 좋은 방식이라고 생각했다. 또 십삼월에서 가장 핵심적인 대상이 되는 것이 워크숍 참여 아동과 입주 작가인데, 아동의 경우 프로그램의 주체이지만 동시에 보호해야할 대상이라고 생각해 촬영은 하지 않기로 했다. 대신 입주 작가를 공모할 때 미리 인터뷰 형식의 영상 촬영에 대해 공지하고 작가들의 인터뷰 영상을 통해 작가의 시각으로 지역과 지역주민, 아동과의 관계 변화 등을 매달 진행되는 영상 촬영으로 아카이빙 하고자 했다.

첫 번째 영상은 작가들이 처음 이 동네에 가지고 있는 생각과 십삼월 공간에서 해나갈 작업의 내용, 앞으로 진행할 워크숍 프로그램을 설명하는 내용으로 촬영을 진행했다. 영상에 대한 전문적인 지식이 없어 완성도 부분에서 아쉬운 면이 있었지만, 예상치 못했던 답변들을 기록하는 재미가 컸다. 작가가 어떤 시각을 가지고 있고 프로그램을 기획 했던 우리의 의도와 작가의 생각 차이를 느낄 수 있었다.

예를 들면 앞으로 걱정되는 점을 묻는 질문에, 지역 주민의 관심이 예상보다도 뜸한 것이 걱정이라는 이야기가 나올 거라 생각했는데, 본인의 작업이 아동들의 작업 보다 별로 일까봐 걱정된다는 귀여운 걱정이 나왔다. 또, 앞으로 기대하는 점에 대한 질문에는, 워크숍 등 이번 행사가 잘 진행되는 것에 대한 기대를 말할 줄 알았는데, 작가로서 작업을 지속적으로 해나가기 위해 작업을 통한 경제적인 수익을 내는 것이라고 대답해서 우리 모두 웃음이 터지고 말았다. 그런 답변들을 특유의 밝은 목소리로 태연하게 이야기해서 즐거운 분위기 속에 인터뷰를 진행할 수 있었다. 작가 입장에서는 이런 인터뷰나 프로그램들이 귀찮지만 감수해야 하는 부분으로 생각할 수도 있는데, 우리를 믿고 편안하게 이야기를 해주어서 고마웠다. 작가들에게도 이 공간에서 작업하는 시간이 앞으로의 작업 활동에서 유의미한 결과를 가져갈 수 있기를 진심으로 바랐다.

14

14. 입주작가 투민 인터뷰 영상
유튜브 섬네일

청년건축가 프로그램의
지속가능성

주민들과 교류하면서 가장 많이 듣는 피드백은 공간의 지속 여부에 대한 부분
이다. 현재 청년건축가가 받는 인건비만으로는 전업으로 운영을 하기는 힘든
상황이므로 겸업을 하고 있다. 아무래도 전업으로 운영을 하는 것보다는 집중
도가 떨어질 수밖에 없는 것 같다. 공간을 상시 운영할 수 없으므로 공간의 연
속성이 끊어지고 이는 상시 운영되는 공간에 비해 활성화가 떨어질 수밖에 없
다. 방문자들은 공간의 운영 요일을 숙지하여 방문할 수밖에 없는 상황이다. 우
리팀의 경우 운영을 도와줄 청년 예술가를 모집하였고, 다른 팀의 경우 운영을
도와줄 지역주민과 함께 하고 있기도 하다. 그러나 여전히 공간을 밀도 있게 운
영하기 힘든 현실은 아쉬운 부분이다.

   2019 청년건축가 프로젝트들을 통해 이런 공간들에 대한 필요성과 기능이 입
증이 된다면 후에 진행되는2020 청년건축가 프로젝트들에 대해서는 충분한 예
산이 주어지거나 자립이 가능한 구조가 주어져 지속가능성을 더욱 키워준다면
지역사회에 진정한 기여를 할 수 있지 않을까 생각해 본다.

삭막한 일상을 버틸 수 있는 강력한 항체를 만드는
시소

언제 떠올려도 뭉근한 유년의 장면들을 떠올리며 도심 속에 방치된 유휴공간을 찾아 가꾼다

어릴 적 뛰놀던 동네의 기억은 소중하다. 아주머니들이 모여 이야기 나누는 소리, 그곳에서 흘러나오던 웃음소리, 뛰놀던 친구들과 나, 우리들만 알던 아지트, 땀에 젖은 목덜미를 스치던 바람 한 줄기.

골목과 골목, 오래된 상점과 이웃집 대문까지 기억나는 유년의 장면들은 언제 떠올려도 뭉근하다. 이 기억은 우리 몸 곳곳에 자리 잡고 있어, 삭막한 일상을 버틸 수 있는 강력한 항체가 되기도 한다.

그런데 최근 주변을 둘러보면 이런 기억을 가질만한 공간이 거의 없다. 빽빽하게 들어선 아파트 단지에서 서로의 얼굴을 모르고, 목소리를 모른 채 살아간다. 동네만의 고유한 매력도 사라지고 있다.

Studio SeeSo는 SH청년건축가로서 이런 문제점을 심각하게 받아들이고 있다. 그래서 도심 속에 방치된 유휴공간을 찾아 가꾸고, 마을 주민들에게 소개하고자 한다. 주민들에게 살아가는 동네와의 연결고리를, 거기서 느끼는 안온함을, 건강한 관계망과 추억을 되찾아주고 싶다.

더불어 동시대를 살아가는 청년건축가들이 동네의
가치를 부동산적 가치로만 따지지 않고, 고유한 가치
를 발견하고 지키며 발전해나가길 희망한다.

시소

위치 구로구 오류동 156-43 지하
아이템 오류동 지역사회의 건축에 대한 인식 재고와
      건축을 기반으로 한 공동체를 형성하여, 주민들 스스로
      마을 재생을 이끌어 나갈 수 있게 하는 프로그램

오류장_
시소

오랜 인연,
오랜 관심

우리는 제대 후 대학 2학년 때 건축학과 동문으로 처음 만났다. 이 시기에는 이미 각자 속해있는 그룹이 달라서 가까운 사이는 아니었다. 그런데 서로의 작업물을 보면서 함께 작업을 하고 싶다는 생각을 하게 됐다. 그러던 중 3학년 여름방학 때, 다른 친구가 우리 두 사람에게 함께 공모전을 해보자고 제안해서 처음으로 팀을 꾸려 작업을 했었다. 처음 하는 협업이었지만 말도 잘 통하고 작업물도 마음에 들어 급속도로 가까워졌다. 그 뒤로도 우리 두 사람은 꾸준히 함께 공모전을 준비했다. 물론, 이 때 참여했던 공모전은 대부분 낙방했다. 그 뒤로도 한동안은 공모전에서 아무 성과를 거두지 못했다. 그럼에도 불구하고 서로의 작업에 대한 신뢰와 호감이 컸기 때문에 꾸준히 함께 작업할 수 있었고 그 결과 지금에 와서는 마음에 드는 작업물 뿐만 아니라 조금씩 성과도 낼 수 있게 됐다.

SH공모전에는 재직 중에 참여하게 됐다. 두 사람 모두 2017년부터 건축 실무를 시작해 건축사무소에 재직 중이다. 실무에서의 경험과 개인적인 기억을 통해 지역의 특징을 고려하지 않은 무분별한 도시개발과 건축방식이 아닌, 지역의 색을 담을 수 있는 도시재생에 대한 관심이 커졌다. 자연스럽게 이러한 생각을 펼칠 수 있는 다양한 공모전에 참가했다. 그 결과 마장동 청계천 변 활용 아이디어 공모전(장려), 제 4회 SH청년건축가 공모대전(장려), 서울로 2단계 조성 시민 아이디어 공모(최우수상), 서울형 저이용 도시공간 혁신 아이디어 공모전(우수상)에서 성적을 거둘 수 있었다. 앞선 공모전의 경험들을 통해 도시재생에 대한 관심과 생각이 실제로 실현 가능한지에 대한 궁금증으로 커지고 있을 때, 제5회 SH청년건축가 공모에 참여하게 됐다.

1

1. 제5회 SH청년건축가 공모
   참가작 "오래된 미래"

단편 풍경 속
마음의 고향

서로의 작업물을 보고 반한 데에는, 지향하는 바가 비슷하면서(공통점) 생각지 못했던 부분에 대한 신선함 때문이었는데, 이는 자라온 성장배경 때문이 아닐까 생각한다.

대청의 경우 어릴 때부터 한 동네에서만 20년 넘게 살았다. 요즘 인천에서 '개항로'로 유명해진 동인천 지역인데, 그 중에서도 일제 강점기에 지어진 적산가옥을 리모델링한 주택에 살았다. 당시에는 그 집이 적산가옥인지도 몰랐다. 다만 친구들 사이에서는 애니메이션 '짱구는 못말려'에 나오는 짱구네 집과 닮았다고 해서 대청의 이름 대신 '짱구네 집'으로 불렸다.

그 때에는 아직 개항로 개발 바람이 불기 전이어서 대청의 집처럼 일제 강점기에 지어진 적산가옥이나 오래된 근대의 유산 등 다양한 시대의 날것이 동네 곳곳에 그대로 남아있었다. 그 동네에서 다섯 살 때부터 대학교 생활이 끝날 때까지 지냈기 때문에 대청의 나이테 곳곳에 동네의 흔적이 남아있다. 삶에 있어 가장 큰 영향을 준 동네라고 해도 과언이 아니다.

이 때의 동네를 대청은 여전히 마음속에 따뜻한 장면으로 기억하고 있다. 이제는 그 집에 살지도 않고, 동네도 많이 변해버려 이따금 고향을 잃어버린 느낌이 들기도 한다. 개발도 좋지만 보존하며 발전하는 것이 얼마나 중요한지 대청은 온 몸의 감각으로 알고 있다.

대청이 한 집에서 20년 넘게 살아온 반면, 요셉의 경우 이사를 많이 다녔다. 단독주택부터 아파트, 빌라, 오피스텔 등 안 살아본 주거공간이 없다. 마주했던 동네 풍경도 다양하다. 때문에 동네 구석구석의 장면보다는 다양한 형태로 마주했던 여러 동네의 풍경들이 단편적으로 남아있다. 길눈이 밝은 편이라 새로 이사한 동네마다 주변을 장면으로 기억해서 남은 장면인 것 같다. 자주 이사를 다니다보니 정을 붙일만한 동네가 딱히 없었는데, 그럼에도 불구하고 마음을 사로잡은 동네가 있었다. 유년기를 보냈던 수원의 작은 동네다. 언덕을 따라 집으로 가던 길이나, 주말마다 성당에 갔던 길이 아직도 기억에 남는다. 매일 매일이 기억나는 것은 아니지만, 커다란 구조물들과 주변 풍경, 건물의 색깔과 분위기 등이 따뜻한 기억으로 남아 향수를 불러일으킨다. 고향이라고 말할 만큼 오래 지낸 동네가 없는데, 그 동네를 떠올리면 고향이라 부르고 싶은 마음이 인다. 하지만 지금은 재개발로 인해 흔적도 없이 사라져 다시 찾아가려해도 찾아갈 수조차 없다. 마음의 고향을 잃어버렸으니 대청과 마찬가지로 실향민이 된 기분이다. 꼭 이전의 것들을 없애야만 개발이고 발전인지, 건축을 배우면서 더욱 골몰하게 됐다.

　SH청년건축가 공모전이 우리 두 사람의 마음을 사로잡은 것은 아마도 저층 주거지를 이용해 새로운 공간을 만들어낸다는 데 있는 것 같다. 낡은 공간을 쓸모없는 공간으로 치부하지 않고, 고치고 꾸며 새로운 쓸모를 부여해준다는 점에서 우리 두 사람을 모두 설득시켰다. 그리고 이곳을 새로운 모습으로 탈바꿈시키는 상상을 직접 실현해볼 수 있다는 것이 커다란 매력이었다.

60X60㎝ 정도의
작은 구멍

우리가 맡게 된 대상지는 서울시 구로구 오류동 156-43에 위치한 다세대 주택이었다. 1998년 8월에 준공된 건물로 지하 1층, 지상 4층으로 이루어져 있으며, 오류동역과 천왕역 사이에 위치해 각 도보로 10분 정도가 소요된다. 대상지는 해당 건물의 지하 1층으로, 지상층에 위치한 다른 공간에 비해 분명한 한계가

2

2. 북가좌동 답사 현장

있지만 외부를 향한 천창을 비롯해 창이 많아서 채광량이 풍부해보였다. 또한 다용도실 등 다양하게 활용할 수 있는 공간도 있었다. 주변으로 1호선과 7호선으로의 접근성이 우수하기 때문에 다가구주택이 많이 분포해 있었으며 최근 서울과 부천으로 출퇴근하는 직장인 가족을 수용하기 위해 공동주택 등이 대규모로 개발되고 있는 상황이기도 했다.

오류동을 대상지로 정하기 전, 우리팀은 SH에서 제안한 다른 대상지인 서대문구 북가좌동을 선택하고 답사도 여러 차례 진행했었다. 하지만 오랜 기간 방치된 빈집이라 외부인이 들어갈 것을 염려해 문과 창문을 모두 막아두어서 출입문을 찾을 수 없었다. 빈집을 관리해주시는 분과 통화를 하고 나서야 60X60cm 정도의 작은 구멍을 찾아 간신히 문을 열 수 있었다.

문을 열어 살펴본 내부는 지난 장마 기간에 들이닥친 비로 인해 물이 가득 차 있었고, 곰팡이 냄새가 진동을 하고 있는 상황으로 밖에서 짐작한 것보다도 훨씬 열악한 상황이었다. 게다가 북가좌동 분위기 자체가 재개발 조합이 설립되어 재개발 관련 이슈가 뜨거웠다. 때문에 외부인인 우리가 돌아다니는 것을 주민들이 경계해 인터뷰나 대화에도 잘 응대해주지 않았다. 동네의 상황이나 건물의 상태 모두 프로젝트를 진행하는데 문제가 있을 것으로 판단해 SH, 튜터들과 회의를 거쳐 대상지를 변경하는 것으로 최종 결정을 내렸다.

이에 SH측에서 새롭게 제안한 구로구 근처의 대상지 세 곳을 둘러보았는데, 마지막으로 방문한 오류동이 인상 깊었다. 동네 분위기가 이전에 답사를 진행했던 동네들과 사뭇 달랐다. 어린아이들이 자유롭게 뛰어다니고 있었으며, 대상지로 가는 길에도 사람들이 북적였다. 게다가 오류동역 바로 옆에 형성된 생활가로변에서 조금만 더 걸으면 바로 대상지가 나와서 주민들과의 접근성도 뛰어났다. 동네를 둘러보며 커진 기대감을 안고 들어간 반지하 내부 역시 환경이 타 대상지에 비해 양호했다. 그동안 열악한 상황만을 보고 간 탓도 있겠지만, 물이 차 있지도 않고, 창문도 많으며 출입문도 제대로 갖춰져 있었다. 고민할 필요도 없이 우리는 오류동 대상지로 결정을 내렸다.

오류동 대상지의
두 가지 오류

대상지를 정하고 나서 본격적인 답사를 시작했다. 오류동에 필요한 공간 프로그램을 제안하기 위해 오류동에 대한 기사와 자료들을 찾아보고, 마을 주민들과의 인터뷰, 설문조사 등 다양한 방식으로 오류동에 대한 정보를 모으기 시작했다. 이에 우리는 오류동의 상황을 두 가지 이슈로 정리했다.

먼저, 도시개발방식에 따른 지역 내 갈등이 존재했다. 이는 인터넷에서 더 극명하게 보이는 현상이었다. 대상지 주변은 오류2동 버들마을 주거환경 관리사업이 이루어진 곳으로, 거리 정비, 도로환경 개선 등 기본 인프라가 갖춰진 상황이다. 이러한 마을정비 사업 과정을 통해 오류2동에 오랫동안 정착중인 다가구주택 주민들은 자발적인 참여를 통해 마을의 지속적인 관리를 이어나가고 있다.

하지만 앞선 주거 환경관리사업과는 상반되는 현대연립주택 재건축, 천왕지구 재개발, 천왕역세권 도시환경정비 사업 같은 대규모 도시개발이 예정되어 있어 동네를 보존하고자하는 주민들과, 대규모 개발을 통해 집값을 올리고자 하는 주민과의 의견대립이 심했다.

다음은 지역 내 다양한 커뮤니티 수요가 존재했다. 직접 답사와 마을 주민의 인터뷰를 통해 대상지가 속한 생활권 내에 어린이집 43곳, 학교 10곳이 있음을 알 수 있었다. 이를 통해 학생이 많은 것, 자녀를 포함한 형태의 가구가 많은 것을 유추할 수 있었다.

또한 지역 내 다양한 계층을 위한 커뮤니티 시설도 존재했다. 학부모와 학생들의 문화 활동을 위한 스토리 공감, 청년 계층을 위한 일자리토털플랫폼, 청소년을 위한 청소년문화센터(2020년 중 건립 예정), 노인계층을 위한 50+캠퍼스 등 각 세대를 위한 문화시설이 마련되어 있었다. 하지만 인구구성에 비해 가족 단위의 프로그램은 쉽게 찾아볼 수 없어 아쉬움이 남았다.

앞선 이슈 사항을 통해 우리는 오류동에 프로그램을 제안하기에 앞서 두 가지를 체크했다. 기존 개발방식에 따른 갈등 요소를 완화해줄 수 있도록 다양한 견해와 식견을 제시할 것, 이미 활성화된 노인, 청년을 타깃으로 하는 것이 아닌 아이와 가족들을 타깃층으로 설정하는 프로그램을 제시할 것.

3

3. 오류동 답사 현장

'교육'이라는 테마와
'워크샵'이라는 프로그램

대상지 주변으로는 어린이집이 많았고, 지역 주민들도 가족이 함께 참여할 수 있는 프로그램에 대한 욕구가 컸다. 이에 지역주민에게 필요하며 주민들이 필요로 하는 다양한 프로그램을 유기적으로 구성한 프로그램을 구상했다. "교육을 테마로 다양한 세대가 함께 할 수 있는 건축 워크샵 프로그램"이다.

　지역주민의 의견은 다양했다. 어린 자녀를 둔 부모님은 "아이들과 함께 할 수 있는 공간과 프로그램이 있으면 좋겠다"는 의견을 주셨고, 노년층은 젊은 사람들처럼 셀프 인테리어 하는 방법을 배우고 싶어 했다. 오류동에 새로 정착하게 된 젊은 층은 오류동에서 일하고 사는 만큼, 오류동이 어떤 곳인지 알고 싶어 했으며, 오랫동안 동네에 정착해온 주민들은 동네를 더 살기 좋은 동네로 만들어나가고자 했다.

　이 모든 의견을 수렴하고자 '교육'이라는 테마를 잡고 워크샵 프로그램을 제공하기로 기획했다. 이에 따라 대상지의 이름도 '오류장莊'이라 지었다. 오류동 주민들이 편하게 모여 다양한 활동을 벌일 수 있는 공간으로, '장'이라는 단어를 빌려왔다. 젊은층에게는 새로운 경험을 제공하고 중장년층에게는 향수를 불러일으킬 수 있는 공간을 꾸미고 싶다는 뜻을 담았다. 모두에게 열려있는 편안한 이미지의 공유공간이라는 인식을 주길 바라는 마음으로 지었다.

"건축학교로 오세요"

프로그램을 실현하기 위해 잡은 컨셉은 '건축학교'다. 건축학교란 크게는 오류동 주민들에게 건축과 집에 대한 새로운 인식을 제공해주는 프로그램이다. 작

Program Target 지역주민 의견수렴

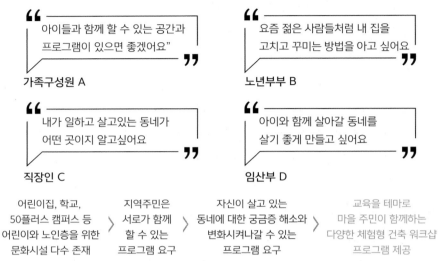

"아이들과 함께 할 수 있는 공간과 프로그램이 있으면 좋겠어요"

가족구성원 A

"요즘 젊은 사람들처럼 내 집을 고치고 꾸미는 방법을 아고 싶어요

노년부부 B

"내가 일하고 살고있는 동네가 어떤 곳이지 알고싶어요

직장인 C

"아이와 함께 살아갈 동네를 살기 좋게 만들고 싶어요

임산부 D

| 어린이집, 학교, 50플러스 캠퍼스 등 어린이와 노인층을 위한 문화시설 다수 존재 | 지역주민은 서로가 함께 할 수 있는 프로그램 요구 | 자신이 살고 있는 동네에 대한 궁금증 해소와 변화시켜나갈 수 있는 프로그램 요구 | 교육을 테마로 마을 주민이 함께하는 다양한 체험형 건축 워크샵 프로그램 제공 |

Sustainble Programing 지속가능한 마을재생 프로그램

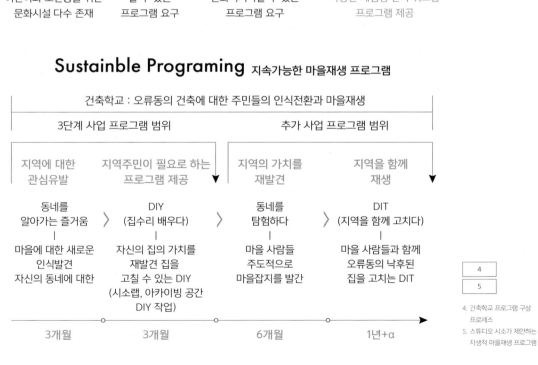

건축학교 : 오류동의 건축에 대한 주민들의 인식전환과 마을재생

3단계 사업 프로그램 범위		추가 사업 프로그램 범위	
지역에 대한 관심유발	지역주민이 필요로 하는 프로그램 제공	지역의 가치를 재발견	지역을 함께 재생
동네를 알아가는 즐거움	DIY (집수리 배우다)	동네를 탐험하다	DIT (지역을 함께 고치다)
마을에 대한 새로운 인식발견 자신의 동네에 대한	자신의 집의 가치를 재발견 집을 고칠 수 있는 DIY (시소랩, 아카이빙 공간 DIY 작업)	마을 사람들 주도적으로 마을잡지를 발간	마을 사람들과 함께 오류동의 낙후된 집을 고치는 DIT
3개월	3개월	6개월	1년+α

4

5

4. 건축학교 프로그램 구상 프로세스
5. 스튜디오 시소가 제안하는 자생적 마을재생 프로그램

게는 마을 주민이 필요로 하고 함께할 수 있는 다양한 워크샵 프로그램을 제공해 집과 동네를 중심으로 마을 커뮤니티가 형성될 수 있게 돕는다.

　건축학교 프로그램은 체험형 프로그램으로 구성해 프로그램 수강자 간 다양한 커뮤니티를 형성할 수 있게 만들었다. 이번 SH지원 사업이 일회성 지원 사업으로 끝나지 않고 추후 지속적으로 확장될 수 있도록 구성했다. 이에 올 한 해 동안은 전문가의 강의를 통해 지역에 대한 인식 제고와 커뮤니티 활동에 대한 가능성을 열어두고자 한다. 그 다음에는 앞선 프로그램으로 형성된 커뮤니티를 기반으로 마을잡지 만들기 프로그램이나, 마을 유휴공간을 직접 꾸며보는 DIY(Do It Yourself) 프로그램 등 주민 주도형 마을 재생사업으로 확대 가능하도록 설계했다.

　우선적으로 SH공간복지 혁신 플랫폼 기간 동안 '동네를 알아가는 즐거움'과 'DIY : 집의 가치를 발견하다'라는 건축학교 워크샵을 8개월간 운영하기로 했다. 각각의 프로그램은 외부 전문가들을 초빙해 진행하기로 했다.

Space Management 공간 운영 계획

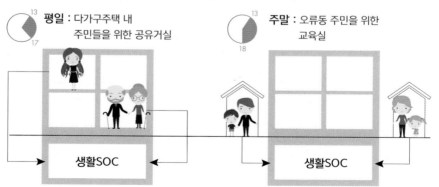

평일 : 다가구주택 내 주민들을 위한 공유거실
주말 : 오류동 주민을 위한 교육실

생활SOC　　　생활SOC

"평일은 다가구주택 내 주민들을 위한 공유공간으로 사용하여 민원 최소화
주말은 오류동 주민들을 위한 교육공간으로 활용"

6. 다가구주택 주민과 함께하는
　운영계획

건축학교 프로그램을 운영하지 않는 평일에는 월, 수, 금 13시부터 17시까지 4시간 동안 마을 주민들을 위한 공유공간으로 공간이 사용된다. 운영 시간에는 위탁운영을 맡은 다세대주택 내의 마을 주민이 관리하는 방식으로 운영하며, 현재까지도 많은 주민들이 공간을 사용하고 있다.

시 공 및 설 계

대상지는 거실과 부엌, 방 3개, 화장실 1개로 구성되어 있었다. 다가구주택의 지하층에 위치해있어 우리팀이 현장을 방문했을 때에는 밑으로 내려가지 못하도록 유모차가 길을 막고 있었다. 오랫동안 비어있어서, 만일의 사태를 염려한 주민들이 출입을 막고자 막아놓은 것 같았다. 유모차를 밀고 안으로 들어가니 주차장으로 창문이 크게 나 있어 반지하치고는 햇빛이 제법 들어왔다. 공간도 생각보다 건조했다. 전반적으로 다른 대상지보다 양호한 상태이기는 했으나, 오류동 대상지 역시 오랜 시간 방치되어 부분적으로 곰팡이가 피어있기는 했다. 제일 구석에 있던 방의 상태가 제일 나빴지만, 다용도실의 천창을 통해 빛이 떨어지는 공간은 매력적으로 다가왔다.

오류동 반지하는 내부 뿐만아니라 외부 공용공간에서도 특이한 점이 있는데, 부엌에 유리 블록으로 만든 창이 설치되어 있다는 점이다. 이 창문을 통해 내부의 빛이 밖으로 스며나가 내부에 사람이 있는지 없는지 확인이 가능하다. 실제로 공간을 정리하는 중에도 내부에 빛이 나오는 것을 보고 다가구주택의 주민들이 몇 번을 왔다 가셨다. 공사 중간에 이 창문을 없애자는 의견도 있었지만, 기존에 있던 소소한 소통장치를 최대한 살리고 싶었고, 유리블록이 주는 이집만의 무드를 살려 인테리어 컨셉을 살리고자 했다. 가급적 이 공간이 가진 매력과 고유한 가치를 보존하면서 개선하는 것이 우리의 방향성이었다.

빛을 막는
모든 문을 없애다

기존에 주거공간으로 쓰이던 빈집을 생활 SOC 공간으로 바꾸어야 해서, 채광 상태나 방의 크기 등을 고려해 바뀔 공간들을 간략하게 조닝 다이어그램으로 정리했다.

　기본적으로 모든 실은 공간이 넓고 보이는 효과를 주기 위해 화장실을 제외한 모든 문을 철거하는 것으로 계획했다. 또한 반지하가 주는 어두운 느낌을 완화하기 위해 전체적으로 화이트톤의 공간을 계획해 밝은 분위기를 연출하고자 했다. 공간의 포인트가 되는 부분에는 아치형의 나무를 설치하는 것으로 디자인을 계획해 전체적으로 따뜻하나 분위기가 연출될 수 있게 했다.

　기존의 거실 공간은 교육실로 구성했다. 창문을 통해 빛이 들어와 비교적 채광 상태가 양호했고, 베란다가 연결되어 있어 공간 확장의 가능성이 가장 높은 공간으로 대규모 인원을 수용해야하는 건축학교의 메인 교육실로 적합하다고 판단했다. 많은 사람이 모이는 장소로 따뜻한 분위기를 내는 나무 재료를 사용하고자 했으며, 베란다문과 벽으로 인해 사용성이 떨어지는 부분을 아치형태의 벽으로 디자인했다.

　방 1은 아카이브실로 계획했다. 거실에서 바로 진입 가능하고, 다른 방들에 비해 채광이 양호하며 거실에 바로 붙어 있어서, 거실과 함께 공적 영역으로 조닝할 수 있을 거라 생각했다. 이 곳에는 물건을 수납하고 전시할 수 있는 수납형 책상을 배치하고자 했다. 흰 벽면에 철망을 걸 수 있는 못과, 전시에 따라 위치를 변경할 수 있는 레일 조명을 설치하기로 했다.

　방 2는 팀 이름을 딴 '시소랩'이라는 이름으로 DIY 실습실을 계획했다. 방 2는 외부로부터의 직접적인 채광은 없으나 옆방인 다목적실을 통해 채광이 가능했

다. 기본 상태가 우수해서 최소한의 공간 보수로 다양한 효과를 낼 수 있을 것으로 보였다. 하지만 현관과의 거리가 멀고, 다른 공간에 비해 채광이 약한점을 고려해 주민들의 DIY실습실로 계획했다. 추후 마을 주민들과 상의를 통해 새롭게 만들어 갈 수 있는 공간이 필요하다고 생각해 최소한의 디자인만 하기로 했다.

제일 안쪽에 위치한 방 3은 팀 시소의 공간운영실로 정했다. 다용도실에서 빛이 들어오는 등, 매력적인 요소가 많았지만 전체 공간 중 가장 열악한 상태였다. 보일러실, 창고의 배관에서 나오는 소음이 심하고 곰팡이가 가장 많이 피어 있어서 주민들을 위한 공간보다는 공간운영실로 만드는 편이 나을 것 같다고 판단했다.

공간운영실은 청년 건축가의 이미지에 어울리도록 바타입의 조명을 사용해 크리에이티브한 느낌을 강조했다. 우리가 함께 사용할 수 있도록 나무 합판으로 제작한 책상 두 개도 배치했다.

'신의 한 수'
피드백

대상지를 바꾸게 되면서 다른 팀보다 3주 정도 속도가 늦춰져서 처음부터 속력을 냈다. 그러다보니 초반에는 공간을 어떻게 꾸미고 운영해 나갈지에 대해서만 집중했던 것 같다. 중간 공유회에서 관련 전문가들을 모시고 그동안 만든 자료에 대해 팀별로 발표를 진행했는데, 우리 팀의 경우 주민들의 관심을 좀 더 불러들일 수 있는 프로그램이 추가 되어야 할 것 같다는 의견에 대한 피드백을 많이 받았다. 이 부분을 해결하기 위해 기존에 전문가 강의로만 구성했던 건축학교 강의에 주민들과 적극적으로 함께 할 수 있는 워크샵 강의를 추가해 내용

7

7. 아카이브실 전시 모습

을 보완했다. 지금까지 건축학교 1강을 진행해 본 입장에서는 이 시기에 있던 전문가분들의 조언은 정말 '신의 한수'가 아니었나 싶다.

시공 과정에서는 에어컨과 조명설치에서 기존의 계획을 약간 우회했다. 시스템 에어컨을 설치하고자 했는데, 공간 자체의 층고가 낮아서 불가능하다는 답변을 받았다. 조명의 경우, 공간에 사용되는 조명 개수가 적어 전체적으로 어두울 가능성이 있었다. 조명에 대한 추가 계획은 없었지만, 전체적으로 조명 개수를 추가하고 거실 벽 천장에 간접 조명을 설치했다.

그 외에도 예상하지 못한 많은 일들이 벌어졌다. 벽지를 뜯어낸 벽의 상태가 너무 좋지 않아 추가 습식 공사가 필요했다거나, 사용하기로 한 합판의 강도가 약해 추후에 문제가 생기게 될 여지가 있는 등의 문제가 발생하곤 했다. 또, 처음에는 도면으로만 현장에 계신 분들과 이야기를 나누다 보니 오해가 생겨 공사과정이 우리가 생각한대로 나오지 않는 경우가 많았다. 이런 상황을 줄이기 위해 최대한 현장을 자주 방문해 현장 상황을 체크해 공사과정 중에 수정사항이 반영될 수 있게 노력했다. 다행히 현장소장님께서 우리의 방문을 귀찮아하시기보다는 열정으로 봐주시며 최대한 의견을 수용해주셨다. 덕분에 부족한 경험을 채워가며 현장을 이끌어 나갈 수 있었고 결과적으로도 모두가 만족하는 공간이 나오게 됐다.

공간을 애정하다

한 달 동안의 공사기간을 마치고 나서는 본격적으로 오류장을 위한 정비 작업에 돌입했다. 공사과정에서 전체 공간 컨셉을 나무와 아치로 마무리 했지만 가구 역시 전체 분위기를 잡아주는 중요한 역할을 해서, 신중하게 고르게 됐다. 너무 따뜻한 느낌보다는 학교라는 공간의 테마를 살리기 위해 차가운 스틸재

동네의 가치를 재발견하며,
집수리에 대한 지식을 얻어갈 수 있는
체험형 워크샵 프로그램

주관 _ SH청년건축가 Studio SeeSo
지원 _ SH 서울주택도시공사
장소 _ 오류장 (서울시 구로구 오류동 156-43 B101호)
참가신청 _ www.instagram.com/studio.seeso

건축 학교란?

SH청년건축가가 제안하는 건축학교는 오류동 지역
주민에게 동네의 가치를 발견할 수 있는 지역기반
전문가들의 강의와 집수리 전문가들을 초빙한 집 수리
강의를 제공하며 어른, 아이, 노인, 학생 누구나 참여할
수 있는 체험형 워크샵입니다.

운영 시간은?

평일(월,수,금)
-PM 01:00 - 05:00
-마을 주민이 운영하는 공유거실

주말(토)
-PM 01:00 - 06:00 [강의시간 PM 02:00 - 04:00]
-SH청년건축가 스튜디오 시소가 운영하는 건축학교

Studio SeeSo 오픈하우스 ►

사전 프로그램 스케줄

0강 5 / 16 (토)
:오류장 오픈하우스

4 / 1 (수) - 5/31 (일)
:Studio SeeSo의 반지하 공간 전시

동네를 알아가는 즐거움. ►

전반기 프로그램 스케줄

1강 5 / 23 (토)
동네 기반 건축가 강의-1
:지역 건축가의 건축강의

2강 6 / 13 (토)
동네 기반 건축가 강의-2
:지역 건축가의 건축강의

3강 7 / 4 (토)
동네 지도 그리기 워크샵
:주민 자신만의 동네 지도 만들기 워크샵

집수리를 배우다. ►

후반기 프로그램 스케줄

4강 8 / 1 (토)
DIY 워크샵강의-1
:집수리 전문가를 초빙한 체험형 워크샵

5강 9 / 5 (토)
DIY 워크샵강의-2
:집수리 전문가를 초빙한 체험형 워크샵

6강 10 / 3 (토)
건축학교 공간 꾸미기 워크샵
:동네 전문가와 함께 공간을 꾸며보는 워크샵

8

8. 건축학교 홍보 포스터

9

9. 건축학교 홍보 리플렛
　(앞, 뒤)

료를 사용하고, 전체적으로 미드 센추리 모던(Mid-Century Modern)의 느낌을 주는 가구를 떠올렸다. 하지만 막상 찾아보니 우리가 원하는 가구들은 예산 범위 안에서 상상할 수조차 없었다. 이에 기성제품이 아닌 제작가구 업체를 찾아봤다. 일반적으로는 제작 가구가 훨씬 비싸지만, 우리가 생각했던 가구의 경우 기성제품이 워낙 고가여서 제작 가구가 더욱 저렴했다. 원하는 재료와 사이즈를 도면화해 가구 제작을 맡겼고, 마침내 예산 내에서 원하는 느낌을 주는 가구를 구할 수 있었다. 이외에도 집기를 소가구 등을 구하기 위해 지방까지 여러 번 오가는 수고를 더했다. 동시에 홍보를 위한 건축학교 포스터, 리플렛, 명함 등도 제작하며 바쁜 시간을 보냈다.

　하지만 공간 준비를 마치고도 코로나19로 인해 전체 일정이 언제 시작될지 모르는 상황이라 건축학교의 일정은 잠정적으로 미루게 됐다. 대신 SH와의 협의를 통해 평일 다세대주택의 주민들에게만 공간을 먼저 개방하기로 했다. 주민들에게 개방을 하기 위해 공사과정을 담은 사진들을 아카이브실에 먼저 전시했고, 공간에 대한 설명을 드리기 위해 5월 7일 오류장에서 주민 반상회를 가졌다. 다행히도 현재 다가구 주택에는 정기적인 반상회와 서로간의 의견을 교류하기 위한 카톡방이 운영되는 등 우리팀의 걱정보다 커뮤니티가 활성화되어 있어서, 홍보가 걱정했던 것보다 쉽게 이루어졌다. 그 날, 반상회를 통해 주민들과 공간을 사용하는 다양한 규칙을 결정하였고, 공간을 관리해줄 관리주민을 뽑았다. 5월 한 달 동안 주민분들이 우리가 예상했던 것 이상으로 공간에 애정을 갖고 사용해주셨다.

　6월에 코로나19가 잠잠해지면서 본격적으로 공간 운영을 시작했다. 먼저 오픈하우스를 열기로 하고 초대장을 만들어 홍보에 나섰다. 코로나19로 인해 대대적인 홍보는 하지 못하고 다세대주택 주민들과 주변 건축 지인들에게만 소소하게 소식을 알렸다. 많이 알리지 못해 남은 떡들은 어떻게 해야 하나 고민을 하고 있을 무렵부터 사람들이 조금씩 오기 시작했다. 우리팀의 멘토를 해주고 계시는 블랭크건축사사무소를 시작으로 동료들, 그리고 주민분들도 와주셨다. 두 시간 동안 스무 명이나 공간을 방문해주었고, 세시부터는 모인 분들을 대상으로 공간설명회를 시작했다.

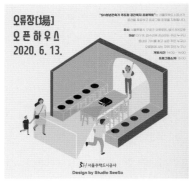

공간설명회는 공간의 변화과정에 대한 설명과 앞으로 오류장에서 열릴 건축학교 강의에 대한 내용을 주된 내용으로 채웠다. 생각보다 주민분들께서 공간이 변하는 과정에 많은 관심을 보여주셨다. 환하게 웃으시며 질문을 주시고, 오류장 너무 좋아하게 됐다고 해주시는 모습을 보니 뿌듯한 마음이 들었다.

또, 하나의 감동적인 모습은 주민분들 외의 사람들이 공간을 방문했을 때 주민들이 먼저 다가가 공간에 대해 설명해주시는 장면이었다. 이 공간에 대한 주민들의 이해도가 높고 주민들이 자주적으로 공간을 사용하고 있음을 알 수 있는 모습들이었다.

10   11

10. 오류장 오픈하우스 초대장
11. 오픈하우스 행사 모습

오픈하우스에서는 앞선 활동들 이외에도 이 공간이 앞으로 어떻게 운영되었으면 좋겠는지에 대한 아이디어 공유 시간도 가졌다. 주민분들은 이번에도 현재 오류장 앞에 비어있는 반지하 공간은 아이들을 위한 공간으로 꾸며보면 어떻겠냐는 등 적극적으로 의견을 제안하셨다. 오픈하우스를 통해 우리의 생각보다 주민분들이 동네와 공간에 대한 관심이 높다는 걸 알게 됐다. 이에따라 계획한 강의를 좀 더 참여형 방식으로 수정하는 방향에 대해 생각해 보게 됐다.

건축학교
1강

오픈하우스를 마치고나서는 첫 번째 건축학교 강의를 위한 회의를 시작했다. 첫 번째 강의다 보니 강의에 대한 주민들의 이해나 관심이 떨어지는 상황이었기 때문에 강사를 정하는데 있어 신중을 기해야 하는 상황이었다. 팀 내에서 거듭 회의를 거치며 초빙강사의 우선순위를 정리했다. 먼저, '로컬에서 활동하는 전문가일 것', 다음으로 '재생건축에 관련된 작품이 있을 것', 마지막으로 '동네 주민들에게 강의를 해준 경험이 많은 분일 것'. 이 중 마지막 부분을 가장 중요하게 생각했는데, 이유는 오픈하우스를 진행할 때, 우리가 쓰는 단어나 설명을 주민들이 어렵게 느꼈기 때문이다. 따라서 주민의 시각과 입장을 이해하면서 편안하게 강의를 진행해줄 강사를 섭외하는 것이 우리팀이 스스로 설정한 최우선 과제였다.

이에 기존에 정리해둔 강사진 리스트에서 설정한 기준에 맞는 강사들을 추렸다. 그 중 가장 먼저 연락을 드린 건 건축재생공방의 이의중 대표님이었다. 대표님의 경우 인천의 구도심인 동인천을 기반으로 지역 활동을 하고 계시며

재생, 로컬분야의 전문가이시다. 우리는 2019년에 이의중 대표님이 진행하시는 '동인천 탐험단'이라는 로컬 지역 탐방 프로그램에 참가한 적이 있어 대표님과 안면이 있었다. 우리팀이 기획한 건축학교 강의도 대표님의 지역탐방 프로그램에서 많은 모티브를 얻어 기획한 것이었다. 다행히 대표께서 반갑게 인사를 받아주셨으며, 첫 번째 강의로 초대해줘서 오히려 영광이라며 용기를 북돋아주셨다.

그렇게 첫 번째 강사로 정해지고 나서는 홍보를 위한 포스터 제작에 들어갔다. 대표님이 보내주신 대표 작품 중 동인천에 처음으로 작업하신 '빙고'의 사진으로 만든 포스터는 대표님의 작품처럼 정겨운 느낌을 줄 수 있도록 제작했다.

하지만 강의 첫날, 방문 의사를 밝힌 건 주변 건축 관계자와 오류장이 있는 건물의 몇몇 마을 주민뿐이었다. 그마저도 적극적인 참여의사를 보여준 건 아니었기 때문에 당일 날 강의에 아무도 나타나지 않으면 어쩌나 하는 걱정으로 가득했다. 코로나19로 인해 적극적으로 홍보하지 못한 탓인 것 같아 많이 아쉬웠다. 1시 30분부터 몇몇 지인들이 강의를 듣기 위해 찾아왔고 이의중 대표님도 도착하셨지만, 마을 주민들은 강의시간이 되도록 아무도 오지 않으셨다. 좀 더 기다려보았지만 2시까지 아무도 강의에 나타나지 않아 일단 강의를 시작했다.

강의가 시작되고 나서도 행사를 성공적으로 진행하지 못했다는 생각에 머릿속이 복잡했다. 그런데 얼마 후, 문을 두드리는 소리와 함께 마을 주민 다섯 분이 교회를 다녀오느라 늦었다며 조심스럽게 들어오셨다. 그 때부터 강의 분위기는 한 층 밝아졌다. 90분 강의가 끝나고도 주민들의 질문이 계속 이어졌고, 대표님은 질문 하나하나에 성심성의껏 대답해주셨다. 그렇게 건축학교 1강은 성공적으로 마무리됐다.

12

12. 건축학교 1강 강좌모습

도시와 동네,
경계를 없애기 위해

오래된 것의 가치를 믿는 우리는, 시간과 추억, 이야기를 보존하면서 동시에 건강한 공간에 지낼 수 있는 방법을 연구하고 있다. 개발은 많은 편리함을 가져다주지만, 때때로 많은 상실감을 주기도 한다. 실향민의 기분을 느꼈던 우리는 그 상실이 말로 표현할 수 없을 만큼 크다는 것을 잘 알고 있기에, 그 가치를 보존하면서 생활하기에도 불편함 없는 공간으로의 변화를 도모하고자 한다.

13

13. 지역 주민분들을
   이끌어주었던 건축학교
   1강 포스터

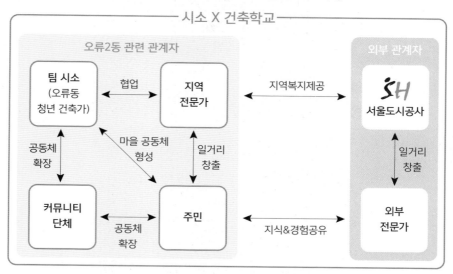

Village Network 마을네트워크 구성

─── 시소 X 건축학교 ───

오류2동 관련 관계자

| 팀 시소 (오류동 청년 건축가) | ←협업→ | 지역 전문가 |

지역복지제공

외부 관계자

SH 서울도시공사

공동체 확장

마을 공동체 형성

일거리 창출

일거리 창출

| 커뮤니티 단체 | 공동체 확장 | 주민 | 지식&경험공유 | 외부 전문가 |

이번 'SH공간복지 혁신 플랫폼'을 통한 공간운영 경험은 팀 시소가 사회로 나가 자신들의 건축사무소를 차리기 전 건축가의 공공적 역할에 대해 생각해 볼 수 있는 계기가 됐다. 현재 활동 중인 많은 청년건축가들은 기성세대처럼 기념비적 건축물을 남기기 위해 힘을 쓰기보다는 자신들의 피부로 느껴지는 도시와 사회의 문제를 해결하기 위해 힘을 쓰고 있다. 팀 시소 또한 이번 경험을 통해 건축가의 공공적 역할에 대해 끊임없이 생각할 것이며, 도시와 동네를 이롭게 하는, 경계 없는 건축가가 되기 위해 노력해 나갈 것이다.

14

14. 건축학교의 기대효과 다이어그램

튜터 특별기고 1 _

SH청년건축가 1기
프로젝트를 마치며

_

이준형
도시공감협동조합건축사사무소

청년건축가를 통해 건축과 건축가의
다양성을 보여주는 계기가 되길…

요즘 유행하는 '꼰대'를 가리는 방법 중 하나가 '라떼는' 이다. '나 때는 이랬어' 하는 말을 자주 하는 사람은 꼰대라는 것이다. 예를 들면 나 때는 건축사사무소에서 철야를 시켜도 군말 없이 했다는 식의 이야기를 하면 꼰대가 된다. 젊은 꼰대라는 이야기를 듣게 되더라도 라떼를 해야 할 것 같다. 건축학과에 입학했던 15년 전만 하더라도 입학하는 대부분 학생은 소위 '작품'을 하는 건축가를 꿈꾸며 입학한다. 일부 영화나 미디어에 노출되는 고급 건축물을 설계하고, 고급문화를 향유하는(최근엔 고급문화라는 단어조차 낯설다) 건축가가 되리라 굳게 결심하며 입학한다. 지금이라고 크게 다르진 않을 것이다. 일 년, 이 년 학교생활을 하다 보면 깨닫는다. 상상하던 건축가가 된다는 것이 바늘구멍에 낙타가 들어가는 것만큼 어렵다는 것을. 또 단순히 자신의 노력과 능력만으로 쉽게 될 수 없다는 것도 함께. 그러면서 미디어가 거짓부렁이었음을, 이 사회가 녹록지 않음을 깨닫고 다른 길을 찾기 시작한다. 과거에는 대부분 그 다른 길이라는 것이 건축사사무소가 아닌 시공을 하는 대기업 문을 두드리거나 공공기관, 공무원 채용에 지원하는 것이 대부분이었다.

　입학 후 15년이 넘는 시간이 흘렀다. 강산이 한 번도 더 바뀐 세월이다. 안타깝게도 큰 변화는 없었다. 최근 도시재생이 건축뿐 아니라 전 분야에 걸쳐 화두가 되고 있다. 이에 일부 건축가는 단순히 고급 건축물을 아름답게 설계하는 흔히 전통적으로 건축가의 업이라 여기던 분야에서 벗어나 마을과 지역 단위의 공간을 다루고 계획에 참여하고 있다. 한편에선 로컬(local) 즉, 지역을 기반으로 지역 특성을 살리거나 고유의 콘텐츠를 살려 활동하는 청년과 팀들이 다양해지면서 로컬크리에이터라는 단어가 자주 들릴 정도로 분위기가 조금씩 바뀌는 추세며 여기에서 건축가의 역할을 찾고 있기도 하다. 여전히 주류는 아니라고 생각하지만 과거에 비해 건축과 건축가라는 직업에 대해 편협한 시야에서 조금씩 벗어나 다양성을 만들어가는 과정이라 여기고 싶다.

이런 상황 속에서 SH공사에서 설계공모전과 연계한 청년건축가 공간복지 혁신 플랫폼 프로젝트를 진행한 것은 고무적이라 생각한다. 사실 아파트 중심의 임대주택을 지어 공급하는 공공시행사 정도로 여기는 것이 SH공사를 향한 일반인의 시선인데, 사회적 여건의 변화 속에서 청년건축가가 지역을 기반으로 공간복지와 청년건축가 활용할 수 있는 공간을 만들어간다는 것은 큰 의미가 있다고 본다. 그러하기에 2019년부터 현재까지 1년 넘게 해당 프로젝트에 직간접적으로 참여하고 있기도 하다.

중요한 것은 지역을 기반으로 기획에서 계획, 조성, 그리고 운영까지 전체 과정을 직접 참여하고 이끌어간다는 데 있다. 우리가 후암동에서 하듯이 또 함께 참여한 블랭크가 상도동에서 하듯이 말이다. 전통적으로 건축가는 누군가가 이미 기획하여 프로그램 계획이 어느 정도 잡힌 상태에서 의뢰를 받아 이를 물리적 공간으로 만들고 조성하는 과정에 관여하는 정도의 업역에 머물렀다면, 이 프로젝트는 스스로 기획과 계획을 하는 것은 물론 실제 공간을 운영하면서 어떻게 이용되고, 이용자들이 어떻게 반응하는지까지도 살필 수 있다는데 그 의미가 크다.

물론 이러한 작업이 모든 건축가들에 적합하거나 일반화할 수 있다는 것은 아니다. 또 이것만이 최근 변화를 담아내는 건축가의 업인 것도 아니다. 다만 우물 안 개구리처럼 일부 미디어에 자주 노출되는 건축가의 시선으로만 건축과 사회를 바라보는 것이 아닌, 조금은 다른 시야 다른 경험을 통해 다양성을 만들어가는 과정이라 생각이 든다.

특히, 이러한 과정은 학교에서 알려주지 않는 과정으로 학생이나 사회초년생들이 이런 과정을 통해 향후 본인이 사회에서 건축가로 어떤 삶과 방향성을 가져야 하는지 고민해볼 수 있는 기회라고도 생각한다.

나는 SH공사의 청년건축가들처럼 다양한 분야와 기관에서 청년건축가들이 배출되길 바라본다. 공간을 기획하고 운영하는 것뿐 아니라, 때로는 직접 몸을 움직여 공간을 만들어보거나, 이용자와 함께 몇 날 며칠 씨름하며 공간을 설계하는 건축가, 상품으로서의 공간을 만들어 판매하는 건축가, 빅데이터나 IoT 기술을 결합하여 공간을 만드는 건축가 등 말이다. 현대 사회를 4차산업혁명시대, 코로나19 이후 언텍트 시대 등 부르는 이름이 많지만, 여전히 건축은 10

년 전 아니 그 이전과 크게 다르지 않다. 변화 속도가 더디다. SH공사 청년건축가의 작은 실험이, 조금이나마 그 속도를 빠르게 하는 데 보탬이 되길 바라본다.

힘겹게 뗀 첫 걸음,
천천히 계속 걸어갈 수 있길…

SH청년건축가 프로그램 과정이 순탄치만은 않았다. 청년건축가, SH공사 관계자, 그리고 우리 지원팀들까지 머리를 맞대고 때론 격렬한 논의를 했지만 한 고개를 넘으면 다음 고개가 나타나곤 했다. 그 고개의 높낮이가 다를 뿐. 진부한 표현으로 하자면 이상과 현실의 차이였다고 할까.

시작단계인 대상지 선정부터 쉽지 않았다. 폐쇄하여 사용하지 않는 반지하 공간을 사용하여 지역주민과 청년건축가에 필요한 공간으로 만든다는 것이 빈 공간에 숨결을 불어 넣는 듯했지만, 실상 비어있음이 곧 사용가능을 의미하지 않는다는 것을 깨달았다. 당초 제공된 현장 중 실제 간단한 리모델링으로 사용 가능한 곳은 몇 곳 되지 않았다. 프로그램 기획단계가 아쉬운 부분이었다. 이렇게 대상지를 바꾸고 다시 찾는 과정에 적잖은 시간을 보내야 했고, 이 과정에서 한 팀이 프로그램 참여를 포기할 수밖에 없었다. 우여곡절 끝에 청년건축가들은 자기들만의 '동네'를 찾았고, 지금은 그 동네에서 공간을 운영하며 활동하고 있다.

두 번째 산은 무엇을 할 수 있고, 하고 싶은지의 문제였다. SH공사 입장에서는 공사가 소유한 유휴공간이니만큼 청년건축가에 아낌없는 지원을 하고자 하는 마음에 최소한 지역 내 생활 SOC 공간으로서 기능할 수 있다면, 그 외적으로는 청년건축가가 하고 싶은 활동을 할 수 있는 공간으로 자유롭게 활용되기를 바랐다.

하지만 이는 단순히 공간을 벽과 천장으로 구획된 일정 체적을 갖는 물리적 공간으로만 바라봤을 때 가능한 일이었다. 예를 들어 사회초년생 청년건축가의 경우 건축사사무소까진 아니지만 디자인 회사 창업을 고려하거나, 생활 SOC 공간으로 운영하며 한 편으론 간단한 판매를 함께 할 수 있지 않을까 하는 상상을 하기도 했다. 하지만 현실적으로는 공공기관이 소유한 건축물이라는 점, 또 현재 건축법상 건축물의 용도가 주택이라는 점 등을 고려했을 때 자유롭게 공간을 활용하기엔 장벽이 너무 많았다.

이러한 현실의 장벽에 부딪힐 때마다 청년건축가의 상상은 조금씩 가지치기가 되었다. 물론 기획이라는 과정이 이런 장벽을 넘거나 피해가며 조금씩 구체화하는 과정이기에 자연스러운 것일 수도 있지만, 이 과정에서 적잖은 에너지를 뺏기기도 했다. 장벽이란 것이 천천히 함께 두드리면 무너지기도 하고 금이 가기도 하지만 절대 그럴 수 없는 경우도 있다. 예를 들면 관련법과 제도에 의해 불가능한 경우, 또 SH공사라는 공공기관이 갖고 있는 한계가 만들어내는 장벽이 그렇다.

공간 프로그램을 기획하는 과정에서 창업은 사업자등록을 내는 실제 창업이 아니라 창업을 위한 준비나 스튜디오로, 판매 등 수익 활동은 배제한 채 생활 SOC으로서 자유롭게 이용 가능한 공간으로 제안하였다. 청년건축가 입장에선 아쉬움도 컸으리라 예상하지만, 한편으론 부담 갖지 않고 운영 가능한 범위를 찾는 방안이기도 했다.

절차상 중간, 최종공유회 및 평가회가 있었지만 모든 청년건축가가 무리 없이 평가받고 현재는 공간을 운영 중이다. 운영을 코앞에 둔 시점에 전혀 예상하지 못한 또 하나의 난관이 있었다. 바로 아직 진행형인 코로나19 감염병 문제이다. 다행히 현재는 하향 안정세를 보이고 있지만, 공간 개방을 앞둔 시점에 코로나19가 심각해지면서 공간 개방을 미루거나 오픈 행사를 연기해야 하기도 했다.

본격적인 공간운영을 시작한 지 어느덧 3개월의 시간이 지났다. 그리고 이제 앞으로 다시 3개월 남짓이 남았다. 청년건축가마다 속도와 방향은 조금씩 다르다. 애초부터 SH공사에서 운영에 대한 구체적인 가이드를 제공하지 않았기에 그만큼 자율성은 높았고 각 청년건축가 사정에 따라, 또 관심도에 따라 서로 다른 형태로 운영 중이다.

한 달에 한 번 우리가 맡은 세 청년건축가 팀을 방문한다. 한 달 새 공간이나 프로그램 운영 상황을 살피고 도움이 필요한 것은 없는지 이야기 나눈다. 매번 갈 때마다 시작할 때 우려했던 것과 달리 원활하게 운영을 잘 하고 있는 것을 볼 때면 뿌듯함을 느낀다. 조금씩 찾는 주민이 늘어나는 공간, 다양한 분야의 청년들이 함께 공간에서 작업하며 협업하려는 모습, 지역주민으로 구성된 단체와 협업하며 이야기를 만들어가는 팀 등. 운영을 시작한 후로 SH공사 청년건축가 프로그램은 각종 미디어에서도 관심을 받는 듯하다. 영화 기생충에서 반지하를 다뤘는데, 마침 반지하 공간을 활용하다 보니 그런 것도 있는 것 같다.

오랜 시간 많은 사람들의 노력과 정성으로 진행하는 프로그램이 세간의 관심을 받는 다는 것은 좋은 일이다. 청년건축가에겐 이러한 관심이 현장에서 공간 운영을 하는 데 있어 응원이 되기도 할 테다. 하지만 한편으론 우려도 크다. 적지 않은 시간 동안 많은 공을 들여 만든 공간이 올해가 지난 후에도 계속 지역에 필요한 공간이나 청년 건축가를 위한 공간으로 쓰임이 있기를 바라본다. 현재 운영되고 있는 모습을 그대로 유지하는 것은 쉽지 않을 것이다. 그럼에도 불구하고 한번 사람의 숨결이 들어간 반지하 공간은 계속 잘 살피고, 가꿔야 그 생명을 유지할 수 있다. 처음 곰팡이가 뒤덮었던 그 모습으로 돌아가지 않길 바라본다. 또 한편으론 SH공사의 청년건축가 프로그램과 공간의 변화에 대한 이슈와 관심이 쌓여가는 만큼 청년건축가 개개인의 이야기도 차곡차곡 쌓아갈 수 있기를 기대한다.

튜터 특별기고 2_

SH청년건축가 1기
프로젝트를 마치며

_

김지은
BLANK건축사사무소

건축가는 공간의 운영자이자,
기획자이고, 중개자

대학교 1학년 건축과를 입학하고 수업시간에 들었던 강의 중에 건축가의 역할에 대한 내용이 있었다. 건축가는 인문학, 사회학, 공학, 미학을 아우르는 전문가여야 한다는 내용이었다. 어쩌면 그 매력에 매료되어 건축을 전공하고 학업을 마무리하였던 것 같다. 아마도 대부분의 건축설계를 전공하는 친구들이 처음 학문을 접할 때 배우게 되는 내용일 것이다. 사실 그때는 그 내용이 어떤 의미일지 실감 하지는 못했던 것 같다. 졸업을 하고 건축이라는 분야를 직업으로 삼아 일하는 시간 동안 프로젝트를 통해 공간들을 하나씩 만들어 나가면서 느끼는 것은 건축가는 참 알아야 하는 게 많은 직업이라는 것이다. 기본적인 법규들도 알아야 하고, 기술적인 부분도 알아야 하고, 내가 설계할 공간이 위치하는 동네와 지역에 대한 맥락도 이해하고 있어야 한다. 클라이언트의 삶에 대한 가치관, 생활패턴 또한 적극적인 마음가짐을 통해 알아야 자연스럽게 그들의 생활 속에 스며들 수 있는 공간을 제안할 수 있다. 많은 걸 알아야 하지만 또한 혼자서는 절대 할 수 없는 일이기에 매니지먼트가 되어야 하는 순간도 많다. 공간이 하나 만들어지기까지 수많은 전문가의 협업이 필요하다. 토목, 구조, 기계, 전기, 소방 등 각각의 분야들이 하나의 공간을 만들기 위해 유기적으로 협업을 이루어 냈을 때 비로소 공간이 완성된다. 건축가는 조율자이자 검토자로서 모든 정보를 확인하고 적재적소에 필요한 해결방안들을 제안해야 한다. 그렇다 보니 하나의 공간이 만들어지기까지의 과정을 옆에서 지켜본다면 참 많은 영역을 넘나드는 직업이라는 생각이 든다.

공간이라는 것이 유기적이라 그곳에 누가 올지, 누가 주인일지, 누가 사용자일지에 따라 모습이 달라진다. 똑같은 커피를 파는 카페를 만들더라도 주인장의 개성과 주 이용자가 누구인지에 따라 백이면 백 가지의 모습이 나오는 것처럼 하늘 아래 같은 모습을 하는 똑같은 공간은 없기에 이렇게 건축가는 해야 할 공부가 많고 알아야 할 지식과 상식이 많은 건지도 모르겠다. 서양미술사 시간에 나오는 유명한 화가들을 보면 그 당시 미술가, 건축가, 철학가를 모두 직업으로 가지고 있던데, 옛날부터 그래왔던 걸 보니 역사 속에서 단 한순간도 건축가라는 직업이 가벼웠던 적은 없는 것 같다.

이렇게 복합적인 영역을 다루는 직업임에도 불구하고 그 영역이 더욱더 확장되고 있음을 많이 느낀다. 흔히들 "건축하는 사람은 뭐든지 잘해"라고 말하고는 한다. 30대 전후 건축을 기반으로 한 스타트업들의 업역을 보면 한 가지 전문성이 아닌 다양한 전문성을 바탕으로 시대에 맞는 융합적인 콘텐츠들을 기획하여 비즈니스모델로 발전시키고 있다. 건축가이자 부동산 개발자, 건축가이자 공간 운영자, 건축가이자 커뮤니티 매니저. 이처럼 다양한 분야로 영역이 확대되고 있다.

블랭크의 시작도 다르지 않았다. 건축을 전공한 대학원생들이 지역에 작은 사무실을 오픈하면서 이왕이면 주민들과 함께 일상을 나눌 수 있는 공유부엌이자 커뮤니티 공간을 만들었다. 처음에는 10평의 작은 공간으로 시작한 공유공간은 찾아오는 주민들의 새로운 욕구와 운영하는 우리들의 새로운 기획들과 만나 점점 확대되었다. 공유작업실, 공유주택 등을 만들고 직접 운영하면서 동네 생활공간들을 넓혀갔다. 그렇게 만드는 공간들 속에서 많은 지역주민들과 스킨십이 있었고, 지속적인 관계가 형성되어 자연스럽게 일로 연결되는 모습들이 만들어졌다. 공유주방을 통해 만난 신혼부부가 동네 독립서점의 주인이 되기도 하고, 공유부엌을 시작으로 팝업스토어를 열어본 요리사가 동네에 작은 음식점을 오픈하기도 하였다. 공유작업실에 함께 모인 디자이너들과 동네 잡지를 만들고 굿즈를 만들어 판매하기도 하였다. 그렇게 만들어지는 지역 생태계 속에서 블랭크의 역할이 건축가만은 아니었다. 공간 운영자이자, 기획자이고, 중개자이자 건축가였다.

주체성을 가지고
공간을 바라보는 경험

2단계를 통해 함께 공간을 기획안 청년건축가들의 6공간이 올해 운영되고 있다. 이 공간들을 운영하는 운영 주체인 청년건축가들은 건축을 전공한 건축가들이지만 공간 안에서 때로는 프로그램 기획자, 가드닝을 하는 가드너, 작가들과 전시를 하는 예술가의 모습으로 지역 안에서 활동을 하고 있다. 이렇게 지역 안에서 청년건축가들의 역할을 찾기까지 작년 1년 동안 많은 변화들이 있었던 것 같다.

처음 대상지를 선택하고 지역조사를 하는 과정에서 청년건축가들은 대부분 관찰자의 눈으로 대상지를 바라보았다. 그 안에 공간을 운영할 사람이 결국 각 팀임에도 불구하고 우리에게 익숙한 시점이 관찰자인지라 그 시각으로 분석하고 진단하여 솔루션을 제공하였다. 그 솔루션을 실행해야 하는 주체가 우리임을 인식하고 그 사이 거리를 좁혀 가는데 꽤 긴 시간이 필요했던 것 같다. 대상지를 분석하고 진단한 결과 제안하고 싶은 프로그램이 있더라도 운영자로서 그 프로그램을 진행할 수가 없다면 그 제안은 현실적으로 지속될 수 없는 제안이 되고 만다. 많은 청년건축가들이 초반에는 너무 과한 프로그램을 제안하기도 하였고, 본인들의 재능과는 거리가 먼, 그래서 실제로 운영자가 되었을 때 실행 가능성이 떨어지는 제안을 하기도 하였다.

그러면서 인식의 전환을 해나가는 시간을 가졌다. 실제 우리가 진행할 수 있는 프로그램을 검증하기 위해 세부계획과 일정을 작성해 보았다. 그러니 매주 한 번 제안한 프로그램이 한 달에 한 번이 되기도 하고, 만나는 대상이 조정되기도 하였다. 아마 지금 이시간도 각 현장에서 제안서 속의 기획과 현실 사이에서 많은 청년건축가들이 고군분투 하고 있을 거라 생각이 든다.

이처럼 지역을 관찰자의 눈으로 보다 보면 필요한 역할은 너무나도 많다. 하지만 그 모든 역할을 우리가 다 할 수는 없다. 가장 잘 할 수 있는 역할을 찾아 동네와 주민들에게 새로운 경험을 제안하고, 그로 인해 만나는 사람들과 함께 영역을 확장해 나가는 게 건축가가 지역에 들어갔을 때 가장 잘 할 수 있는 일이 아닐까 싶다.

공간 운영에 있어서 또한 중요한 요소는 운영자의 주체성이다. 공간을 운영하면서 알게 된 것은 그 주체성이라는 것이 결국에는 운영자의 가치관과 흥미에서 나온다는 것이다. 운영하는 우리가 재밌는 기획이여야지만 주체성을 가지고 운영을 할 수 있다고 생각한다. 실제로 많은 지역의 커뮤니티 공간들이 운영의 어려움을 겪고 있다. 지역의 필요를 담고 만들어졌지만 지속되지 못하고 주인을 잃어가는 공간들이 많아지고 있다. 주인을 잃은 공간은 결국 오는 사람의 발길이 끊어지고 문을 닫게 된다. 공간의 지속 가능함을 이야기할 때 결국 운영을 어떻게 할 것인가를 고민할 수밖에 없다. 결국엔 운영하는 주체가 원하는 방향성과 미션이 그 공간의 기획과 맞아떨어질 때 지속가능한 운영이 가능하다고 생각을 한다. 청년건축가 각 팀 또한 팀별로 좋아하고 하고 싶은 분야들이 있었다. 결국 우리가 운영할 공간이기 때문에 지역에 도움이 되면서도 우리가 가장 재밌게 잘 할 수 있는 기획을 찾아가야 했다. 그 과정에서 각자가 결국 하고 싶은 작업이 어떤 작업인지도 생각하고 찾아야 했다. 건축가로서 작은 오브제를 만들어 보고 싶기도 하고, 건축이라는 영역을 주민들에게 쉽게 전달하는 교육을 하고 싶은 팀도 있었다. 조

경이라는 영역을 시도한 팀도 있었고, 미술의 영역으로 확장한 팀
도 있었다.

실제로 블랭크에서 처음으로 운영했던 청춘플랫폼이 공유부엌이
었던 가장 큰 이유는 그 당시 우리 모두가 원룸에 살고 있어 변변한
주방시설이 부족했기 때문이다. 원룸의 주방 규모로는 집에 친구를
초대해서 밥을 먹을 수도, 간단한 술 한잔을 할 수도 없었기에 우리
가 필요한 주방을 만들어 같이 사용했던 것이다. 우리가 가장 잘 사
용할 수 있는 공간을 지역주민들에게도 같이 사용하자고 제안했었
기에 오랜 시간 공유주방으로 운영을 해나갈 수 있었다. 그 공간의
사실상 최대 이용자는 우리 스스로였던 것이다.

이렇듯 초반엔 거창하던 운영계획들이 현실적으로 조율되고 그
안에서 각 팀이 가장 잘 할 수 있고 관심 있는 기획들로 다듬어 가는
과정을 보내면서 좀 더 각 팀에 어울리는 공간이 만들어졌다고 생
각한다.

지속가능한 공간을 만드는
건축가로 성장한 계기가 되기를⋯

2단계를 진행하면서 청년건축가들에게는 공간운영도 처음이었지
만 더불어 내가 운영할 공간을 직접 설계하는 경험 또한 모두가 처

음이었다. 가볍게 내 방 정도를 꾸며보는 경험이 전부였던 청년건축가들에게 1년 동안 운영할 공간의 리모델링 설계를 직접 해보는 건 정말 새로운 경험이었다. 10평 남짓한 작은 공간 안에 고민할 것들이 정말 많다는 걸 알아 갔다. 신발을 신고 들어올지 벗고 들어올지부터 시작해서, 주방에 불을 사용할지 말지 등등 디자인에 대한 고민은 공간의 활용에 대한 고민들로 자연스럽게 연결되어 갔다. 각자에 기획에 맞는 공간 배치를 하고 마감재, 조명의 무드 등 디테일한 부분들까지 도면을 그리고 재료를 찾아가며 설계를 하는 경험을 했다. 그러면서 다시 한번 강조되었던 것들은 공간을 어떻게 사용할지 기획이 탄탄해야 잘 맞는 공간을 설계 할 수 있다는 것이었다. 모두 다른 기획을 구상하고 있었기 때문에 비슷한 조건의 반지하 공간 6개가 전혀 다른 6개의 커뮤니티 공간으로 만들어질 수 있었던 것 같다.

이러한 우리의 시도들을 뒤돌아보면서 앞으로 건축가의 지역에서의 역할과 일의 영역이 어떻게 나아가야 할지 고민하게 된다. 누군가는 건축만 잘하기도 어려운데 참으로 많은 걸 한다고도 이야기한다. 하지만 공간은 공간 자체로 존재할 수가 없다. 또한 예쁘게만 잘 만들어진 공간은 결국 쓸모를 찾지 못해 방치되어 골칫덩어리가 되기도 한다. 많은 예산을 투입한 공간들이 결국 운영을 어떻게 할지 몰라 오랜 시간 비어있고 사람들의 발길을 모으지 못하는 모습을 많이 본다. 그렇기에 운영자와 기획자가 필요하다. 그 공간을 어떤 모습으로 만들지를 고민하기 전에 어떤 사람들이 어떠한 모습으로 사용할 공간인지, 그렇다면 그 공간은 어떻게 운영되어야 하는지가 먼저 정해져야 한다. 그렇기 때문에 그 사이 건축가의 역할이 필요하다고 생각한다.

건물의 가치가 부동산으로만 평가되는 시기를 보내고 있다. 그래서 우리들에게 공간이란 소유할 수 없는 문턱 높은 가치가 되어가고 있다. 개인의 공간은 점점 작아지고 변화된 주거형태는 우리 생활의 필요를 모두 담기에는 부족함이 많다. 그렇기 때문에 동네에 작은 공유공간들이 이제는 선택이 아닌 삶을 좀 더 윤택하게 하는 생활권의 필수 조건이 되어가고 있다. 산책길에 편하게 찾아갈 수 있는 동네 공간, 이웃들과 차 한 잔 마실 수 있는 아지트, 미술관에 가지 않아도 동네에서 볼 수 있는 작은 전시장 등등 우리가 2단계를 통해 제안한 동네의 작은 공간들이 지금도 지역주민들의 삶을 가까이에서 조금 더 윤택하게 해주는 윤활유가 되고 있음은 분명하다. 이런 공간복지들이 실현되었을 때 개개인의 일상이 공유를 통해 풍성해지는 변화들을 경험 할 수 있을 것이다.

작년에 이어 올해까지 청년건축가들과 함께 공간을 만들고 운영하였고 이제 그 기간도 몇 개월이 채 남지 않았다. 올해가 끝나면 누군가는 학교와 직장으로 돌아가게 될 것이고, 누군가는 좀 더 성장한 공간 운영자로, 또 누군가는 창업이라는 새로운 도전을 하게 될 것이다. 앞으로의 그러한 과정 속에서 함께한 2년여간의 경험이 우리가 건축가로 성장할 때에 더 넓은 시각으로 공간을 바라보게 하는 기회가 되기를 바란다. 그래서 앞으로 우리가 만들어갈 많은 공간들을 설계할 때에 단순히 아름답기만 한 공간을 만들지는 않았으면 좋겠다. 운영자이자 기획자의 시선으로 공간을 바라보고 좀 더 지속가능한 공간들은 제안하고 만들어 나가는 건축가로 함께 성장할 수 있지 않을까 기대해 본다.

SH청년건축가

지역을 바꾸는 청년건축가들의 도전

2020년 11월 25일 초판 1쇄 발행

기 획	서울주택도시공사 공간복지전략실
	(김세용, 김혜정, 원선미, 고은혜,
	김한나, 박권수, 박태원, 이재원)
지 은 이	서울주택도시공사 공간복지전략실
	도시공감협동조합건축사사무소
	블랭크건축사사무소
	포레스트(김은석)
	하우스+X(김민종, 김래빈, 정승준)
	공채움(양지원, 현선용, 장정우)
	정릉기지(김기준, 김지수)
	삼차선(서경택, 이승훈, 박소진)
	시소(김대청, 김요셉)
펴 낸 이	박해진
펴 낸 곳	도서출판 학고재
원고 각색	이진선
등 록	2013년 6월 18일 제2013-000186호
주 소	서울시 마포구 새창로 7(도화동) SNU장학빌딩 17층
전 화	02-745-1722(편집) 070-7404-2810(마케팅)
전자우편	hakgojae@gmail.com
I S B N	978-89-5625-415-9 94300
	978-89-5625-391-6 (세트)